나만의 동영상 제작하기

ok click

KB138948

Ok! Click 시리즈 39

COPYRIGHT

Ok Click 나만의 동영상 제작하기

2020년 3월 30일 초판 1쇄 발행
2022년 6월 30일 초판 2쇄 인쇄
2022년 7월 10일 초판 2쇄 발행

저 자	장미희
기 획	정보산업부
디자인	정보산업부
펴낸이	양진오
펴낸곳	(주)교학사
주 소	(공장)서울특별시 금천구 가산디지털1로 42 (가산동)
	(사무소)서울특별시 마포구 마포대로14길 4 (공덕동)
전 화	02-707-5314(문의), 02-707-5147(영업)
등 록	1962년 6월 26일 〈18-7〉
홈페이지	http://www.kyohak.co.kr
블로그	http://itkyohak.blog.me

궁금한 사항 문의

· vita-c@daum.net
· 유튜브 채널 : 장미희의
  디지털랩에서 활용하세요.
· 홈페이지 : changmihee.com

Ok! Click 시리즈는 컴퓨터의 OA 기반을 다질 수 있도록 야심차게 준비한 교재입니다.

인터넷이 일반화되고 컴퓨터가 기본이 되버린 현실에서 컴퓨터를 보다 쉽고 재미있게 배울 수 있도록 어렵지 않은 예문과 큰 글자체, 큰 화면 그림으로 여러 독자층이 누구나 부담없이 책을 펼쳐 배울 수 있도록 만들었습니다.

내용면에서는 초보자가 컴퓨터를 이해하고, 쉽게 활용할 수 있도록 쉬운 예제와 타이핑이 빠르지 않은 독자를 위해 많은 분량의 타이핑 예문은 배제하였습니다.

편집면에서는 깔끔하고 시원스러운 편집으로 눈에 부담을 줄이도록 구성하였습니다.

교재는 다음과 같이 구성되었습니다.

1 | [배울 내용 미리보기]를 통해 학습할 내용이 무엇인지 이해시키고 학습동기를 유발하도록 구성하였습니다.

2 | 교재 전체 구성은 전체 15강으로 구성하고 한 강안에 소제목을 두어 수업의 지루함을 없애고, 단계별로 수업 및 공부할 수 있도록 구성하였습니다.

3 | [참고하세요]를 이용하여 교재의 따라하기 설명이외에 보충 설명하여 고급 기능 및 유사 기능을 학습할 수 있도록 구성하였습니다.

4 | [혼자 풀어 보세요]는 한 강을 학습한 후 혼자 예제를 풀어보면서 학습 내용을 얼마나 이해했는지 알아볼 수 있도록 구성하였습니다.

5 | [힌트]를 통해 좀 더 쉽게 예문을 풀 수 있도록 구성하였습니다.

6 | [혼자 풀어 보세요]의 예문에 대한 문의는 교학사 홈페이지(www.kyohak.co.kr)의 게시판에 남겨주시면 답변해 드립니다.

이 교재를 사용하는 독자분들이 컴퓨터를 쉽게 접하고 배워 컴퓨터와 친구가 되고 컴퓨터가 생활의 일부가 되어 더 높은 컴퓨터 기술을 습득할수 있는 발판이 되었으면 합니다.

편집진 일동

예제파일 다운로드 방법

1 인터넷 익스플로러 또는 크롬 브라우저의 주소입력 창에 "http://itbook.kyohak. co.kr/cl-movie/"를 입력한 후 **Enter** 를 누릅니다. 본 교재는 크롬 브라우저를 이용하였습니다.

2 [OK Click 나만의 동영상 제작하기 예제파일 다운로드하기] 홈페이지가 나타납니다. [다운로드 클릭]의 이미지를 클릭합니다.

3 [다운로드] 버튼을 클릭하면 브라우저 하단의 동영상이 다운로드됩니다. 다운로드가 완료되면 목록단추를 클릭하여 [폴더 열기]를 클릭합니다.

크롬 브라우저에서 다운로드 받은 파일은 [내 PC]-[다운로드] 폴더에 자동으로 저장됩니다.

4 [다운로드] 대화상자가 나타나며 다운로드 받은 예제파일이 저장되어 있습니다. 압축을 풀어야 하기 때문에 바탕화면으로 드래그하여 이동합니다.

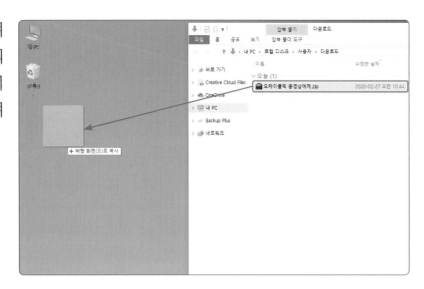

5 바탕화면에 예제파일이 이동되었습니다. 압축 프로그램을 실행하여 다운받은 예제파일의 압축을 풀어줍니다(여기서는 "빵집"이라는 프로그램을 사용하였습니다.).

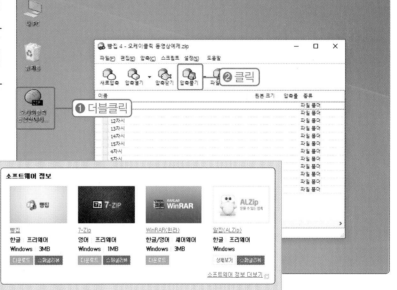

압축 프로그램이 설치되어있지 않다면 압축 프로그램을 설치해야 합니다. 압축 프로그램은 인터텟 익스플로러에서 '압축 프로그램'으로 검색하여 설치할 수 있습니다.
(대표 프로그램 : 알집, 빵집 등)

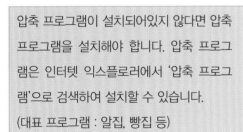

6 바탕화면에 예제파일의 압축이 풀렸습니다. 이제 본 교재를 따라하며 해당 폴더의 파일을 불러와 사용하면 됩니다.

예제파일의 본문에 사용되는 글꼴은 개인 컴퓨터에 설치되어 있는 임의의 글꼴을 사용해도 됩니다.

CONTENTS

CONTENTS

동영상의 이해

유튜브의 인기는 누구나 동영상을 쉽게 제작하고 업로드하여 많은 분야에서 활용할 수 있는 동기가 되었습니다. 동영상의 특징과 활용 분야를 살펴보고 동영상의 포맷 종류도 알아봅니다.

➤➤ 동영상이란 무엇인지 알아봅니다.

➤➤ 동영상의 활용 분야를 알아봅니다.

➤➤ 동영상 파일의 포맷 종류에 대해 알아봅니다.

배울 내용 미리보기 ➕

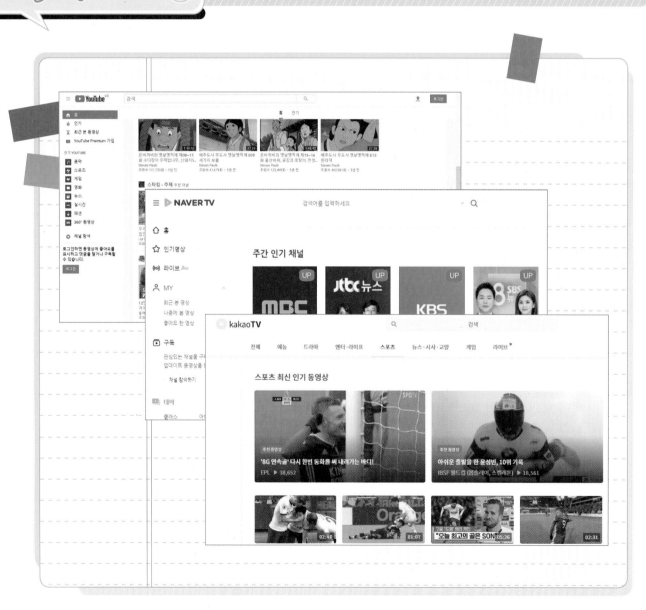

01 동영상 특징 및 활용 분야 알아보기

스마트폰의 대중화와 초고속 통신망에 의해 언제 어디에서나 인터넷 접속이 가능해졌습니다. 이 때문에 블로그, 페이스북, 인스타그램, 유튜브 등의 SNS에 글, 사진, 동영상을 올리는 작업은 쉬워졌고, 관련 콘텐츠 사업은 크게 성장하고 있습니다.

콘텐츠를 단순히 보고 읽는 시대에서 개인이 창작물을 생산하기도 하고 사람들과 공유하며 관심 있는 콘텐츠를 선별하여 볼 수 있는 시대로 변하였습니다. 즉, 소비하는 주체에서 생산하고 유포하는 주체로 이동하면서 동영상 제작은 남녀노소를 가리지 않고 화제의 중심에 있습니다.

유튜브(Youtube), 네이버TV, 카카오TV, 아프리카TV, 트위치TV, 틱톡(TicToc) 등 다양한 형태의 동영상 관련 포털 사이트들이 존재합니다. 이와 같은 동영상 플랫폼을 통해 콘텐츠를 생산, 공유할 수 있습니다. 특히, 밀레니얼 세대를 중심으로 긴 동영상보다는 짧은 숏클립 형태의 동영상을 제작하고 공유할 수 있는 '틱톡(TicToc)'의 인기가 오르고 있습니다.

1 크롬 브라우저를 열고 주소줄에 유튜브 **1** youtube.com을 입력한 후 Enter 를 누릅니다.

 참고하세요

UCC란 무엇인가요?

UCC라는 줄임말로 User Created Contents의 줄임말로 개인이 직접 제작하는 창작물을 말합니다.

② 유튜브의 왼쪽 카테고리에서 ❶'뉴스'를 클릭하여 동영상을 봅니다. 검색된 뉴스 중 원하는 동영상을 선택하여 재생합니다.

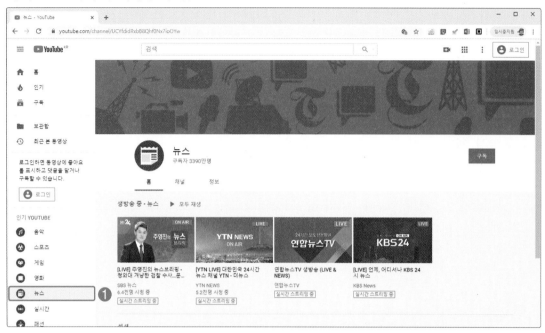

③ 유튜브의 검색란에 동영상의 ❶'기타' 키워드를 입력하여 검색해 봅니다. 검색된 동영상 중 원하는 동영상을 선택하여 재생합니다.

참고하세요

동영상은 어디에 활용하나요?

동영상을 쉽고 빠르게 제작할 수 있는 툴(Tool)이 많이 등장하면서, 학교에서는 학생들의 수행평가나 선생님들의 플립러닝, 인터넷 강의 등에 이러한 툴을 사용하여 제작한 동영상을 활용하고 있으며, 각종 공모전, 문화 콘텐츠 제작, 마케팅, 광고 등에서도 툴을 사용한 동영상이 활용되고 있습니다.

또한, 블로그, 페이스북, 인스타그램 등의 1인 미디어를 통해 개인의 일상을 그리는 Vlog, 쇼핑몰의 상품 홍보, 기업과 관공서의 홍보 영상, 제품 사용법 또는 제품 리뷰 등을 담은 동영상을 공유하거나 개인이 선호하는 동영상 콘텐츠를 선택하여 시청하고 구독하고 의견을 남기며 소통하는 쌍방향의 커뮤니케이션의 도구로써 동영상이 활용되고 있습니다.

누구나 손쉽게 동영상을 제작할 수 있게 되면서 다양하고 많은 동영상이 유통되고 활용되고 있습니다. 하지만 이로 인해 사생활 침해, 명예훼손, 악플러들의 댓글, 음란물과 같은 불법 동영상의 유통, 가짜뉴스 등이 사회적 문제로 대두되고 있습니다.

02 동영상 포맷 종류 알아보기

동영상 포맷이란 영상 작업에서 호환성을 제조회사에서 세부 규격을 정한 것을 말합니다.
동영상 포맷의 종류는 이전에 사용하던 규격과 함께 새로 나오는 규격을 알고 동영상 작업에 적용해야
합니다.

동영상 포맷 종류를 알아봅시다.

❶ AVI(Audio Video Interleaved)

마이크로소프트가 개발한 파일 형식으로 영상과 소리를 저장하는 컨테이너 포맷형식으로 AVI로 표현
합니다.

❷ MPEG(Moving Picture Experts Group)

동화상 전문가 그룹으로 비디오, 오디오 압축 표준 기술을 개발하는 모임으로 인터넷의 보급으로 동영
상을 압축, 전송하는 기술이 필요해지고 시간에 따라 연속적으로 변화하는 동영상 압축과 코드 표현방
법을 연구하고 있습니다. 상용화된 기술로 유명한 MPEG1이 있으며, MPEG-1은 비디오 CD에 사용되
며 MPEG-2는 DVD비디오에 사용되며 고화질 영상 저장에 주로 사용됩니다. MPEG-4 규격은 DVD
보다 고화질, 고해상도를 지원하는 차세대 영상 저장 매체인 Blue-Ray에 주로 사용되고 있습니다.

❸ MTS/M2TS/MOT/MP4(MPEG Transport Stream)

MTS/M2TS/MOT/MP4는 MPEG-4 기반의 고해상도를 지원하는 HD 캠코더에서 사용됩니다. MTS
는 AVCHD 캠코더로 저장한 원본이며 촬영 원본을 캠코더에서 PC로 옮길 때 변화되는 결과물이
M2TS입니다.
MP4는 비디오와 오디오 그리고 자막과 스틸 이미지 등을 저장하는데 사용합니다. 높은 압축률을 보여
주는 H.264 Codec을 주로 사용하며 작은 용량으로 높은 품질의 영상을 볼 수 있으며 인터넷을 통한
스트리밍을 지원하기 때문에 스마트 폰에서도 많이 사용됩니다. HD 캠코더의 제조사에 따라
MTS(M2TS)는 소니, 캐논, 파나소닉, MOT는 JVC, MP4는 삼성이 사용합니다.

❹ MKV(Matroska Multimedia Container)

화질 저하 없이 비디오, 오디오, 자막을 파일 하나에 담을 수 있습니다. 주로 자막이 필요한 영상 재생
에 주로 사용됩니다.

❺ WMV(Windows Media Video)

높은 압축률로 파일의 용량을 적게 만들어 실시간 스트리밍 영상에 주로 사용됩니다. 기본적으로 윈도
우 미디어 플레이어로 재생됩니다.

❻ MOV

Apple에서 개발하였으며 여러 종류의 코덱(Codec)을 사용할 수 있습니다. 여러 개의 비디오와 오디오, 텍스트를 지원하며 Mac 또는 윈도우의 QuickTime플레이어로 재생됩니다.

❼ FLV(Flash Video)

SNS에 동영상을 업로드하여 저용량으로 고해상도의 동영상 재생이 가능하며 사용자들의 무분별한 저작권 침해를 방지하기 위해 사용합니다.

❽ 3GP

모바일 환경에서 사용됩니다. 3GPP(Third Generation Partnership Project)에 의해 정의되었으며 MP4의 단순화된 형식으로 최대 파일크기와 해상도가 제한될 수 있습니다.

참고하세요

영상을 제작할 때 하지 말아야 할 것

- 저작권법에 위반되는 영상
- 동물을 학대하는 영상
- 사실이 아닌 가짜 내용으로 유포하는 영상
- 폭력 및 욕설이 난무하는 영상
- 개인 사생활을 침해하는 영상
- 성적 수치심을 주는 영상
- 아동 · 청소년 음란물 제작 영상
- 초상권 침해, 명예를 훼손하는 영상
- 사전 동의가 없는 몰래 카메라 영상

"혼자 풀어 보세요"

1 유튜브에서 최근 인기 목록을 검색하여 동영상을 재생해 보세요.

2 유튜브에서 "코카서스"를 검색한 후 '올해'에 올려진 동영상만 필터링을 해보세요.

힌트
필터링은 내가 찾고자 하는 조건에 맞는 동영상을 빠르게 검색할 수 있습니다.
'필터'를 클릭하여 '날짜, 구분, 길이, 기능별, 정렬기준'에서 선택하여 검색할 수 있습니다.

3 네이버TV에 접속한 후 '건강' 카테고리에서 원하는 동영상을 재생해 보세요.

4 관심있는 동영상의 키워드를 나열해 보세요. 키워드를 분류해서 주제를 나열해 보세요.

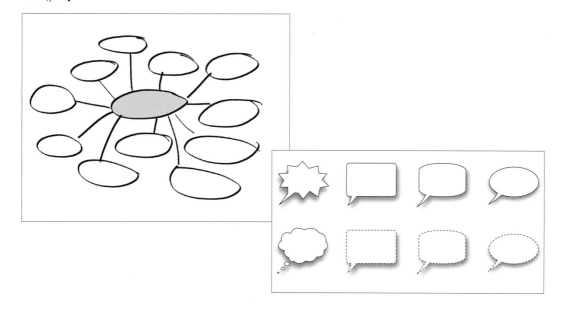

동영상 촬영 장비와 편집 용어

동영상 촬영 장비는 처음부터 고가의 장비보다는 내 주변의 최소한 필요 장비부터 시작해서 고급 기능이 필요할 때 추가하여 사용합니다.

➜➜ 동영상 촬영 장비를 알아봅니다.

➜➜ 동영상 편집에 필요한 용어를 알아봅니다.

➜➜ 재미있는 동영상 앱을 활용하여 촬영하는 방법을 알아봅니다.

배울 내용 미리보기

01 동영상 촬영 장비 알아보기

동영상을 촬영에 필요한 장비는 처음부터 고가의 장비를 많이 준비하기 보다는 기본 장비에서 시작해서 점차 필요한 장비를 하나씩 늘려 가거나 교체하는 것이 좋습니다.

기본 촬영 도구를 알아볼까요?

카메라   액션 캠   스마트폰   스마트폰용 마이크와 콘덴서 마이크

삼각대와 관절 삼각대   짐벌과 스마트폰용 짐벌   조명

삼각대, 조명, 마이크, 브라켓 등 일체형으로 보급되는 제품들과 상품 제작 과정을 보여줄 수 있는 수직촬영대 등의 다양한 제품들이 있습니다. 상황에 맞는 도구를 활용할 수 있습니다.

02 동영상 편집 필수 용어 알아보기

❶ 프레임(Frame)

동영상을 이루는 한 장의 사진, 초당 30장의 프레임을 가장 많이 사용하고 있으며, 초당 프레임 수를 프레임 레이트(Frame Rate, Frame per second, fps)라고 합니다. 예를 들어 30fps이면 1초당 30 프레임을 말합니다. 대부분의 동영상은 30fps를 가장 많이 사용합니다.

❷ 해상도(Pixel)

해상도는 픽셀 또는 화소라고 하며 디지털 이미지를 구성하는 단위입니다. 수치가 클수록 화질과 선명도가 높으며 용량은 커집니다. 대표적으로 '1920×1080'픽셀을 많이 사용합니다.
'1920×1080'은 Full HD로 FHD라고 하며 현재 동영상으로 가장 많이 사용하는 해상도입니다.

❸ 화면 비율(Aspect ratio)

동영상의 가로와 세로의 비율입니다. 자주 사용하는 영상비율은 '16:9(Widescreen)'로 HD, FHD, 4K 등에 많이 사용하고 있습니다.

❹ 비트레이트(Bit rate)

초당 비트 전송률이라고 합니다. 1초에 처리되는 데이터의 수(Bit)를 말하며 수치가 클수록 화질이 높아지고 용량은 커집니다.

❺ 코덱(Codec)

코더(Coder)와 디코더(Decoder)의 약어로 압축과 해제를 말합니다. 코덱의 종류에 따라 동영상의 화질, 해상도, 용량에 차이가 나며 동영상을 만들어 저장할 때 사용한 코덱이 PC에도 있어야 재생이 됩니다. 스타코덱이나 Z통합코덱을 사용하면 여러 코덱을 한 번에 설치하여 사용할 수 있습니다.

❻ H.264 Codec

최근 매우 높은 데이터 압축 효율로 고선명 비디오의 녹화, 압축, 배포로 가장 일반적인 포맷으로 사용합니다.

❼ 스트리밍

인터넷상에서 비디오, 오디오, 애니메이션 등에서 실시간으로 재생하는 기법입니다. 한꺼번에 다운로드 받아 재생하는 것이 아니라 일부분만 다운로드 받은 상태에서 재생하고 재생하는 도중에 다음에 보여줄 영상을 다운로드 하는 방식입니다. WMV, FLV, MP4 파일이 스트리밍을 지원합니다.

❽ 클립

미디어를 제작할 때 사용하는 소스를 말합니다.

❾ 컷(cut)

편집의 기본 단위로 잘라내거나 분할하는 것을 말합니다.

03 동영상 앱으로 촬영하기

1 스마트폰의 기본 카메라 앱을 활용하거나, 다양한 촬영 앱을 다운로드 받아서 동영상을 촬영할 수 있습니다. 스마트폰의 '카메라' 앱을 누릅니다. ❶'동영상'을 선택합니다. 우측 상단의 ❷'설정' 버튼을 누르고 ❸동영상의 크기 등을 촬영에 맞게 설정합니다. 처음 한 번만 설정하면 그대로 유지됩니다.

2 ❶밝기를 조절하고자 하는 부분을 누르면 '밝기 조절바'가 나옵니다. 조절바를 이용해 밝기를 조절합니다. 영상에 필터 효과를 적용하여 촬영할 수 있습니다. ❷우측 상단의 '마술봉'을 누릅니다. ❸원하는 필터 효과를 선택합니다. ❹'녹화' 버튼을 눌러 동영상 촬영을 시작합니다.

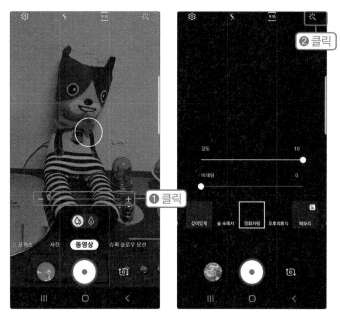

③ ❶동영상 촬영 중간에 '카메라' 버튼을 누르면 사진을 찍을 수 있습니다. ❷'일시 정지' 버튼을 눌러 잠시 멈출 수 있으며 ❸다시 '녹화' 버튼을 눌러 이어서 촬영이 가능합니다. ❹두 손가락으로 좌우로 밀고 당기면 동영상 촬영중에도 '줌인/줌아웃'을 할 수 있습니다. ❺촬영을 마치면 '중지' 버튼을 누릅니다.

참고하세요

- **수평앵글** : 촬영하는 사람의 시선과 동일한 각도에서 촬영합니다. 안정적인 앵글로 촬영이 쉽습니다.

- **하이앵글** : 높은 위치에서 촬영을 합니다. 한 화면에 많은 내용을 표현할 때 사용합니다.

- **로우앵글** : 낮은 위치에서 피사체를 올려다 보며 촬영합니다. 피사체의 다이나믹함을 표현합니다.

- **줌(Zoom)** : 화면의 크기를 변화시키며 촬영하는 기법입니다. 광각에서 망원으로 변화시키는 기법은 줌 인(Zoom In) 망원에서 광각으로 변화시키는 기법을 줌 아웃(Zoom Out)이라고 합니다. 줌 인은 특정 부분을 클로즈 업하여 집중시키며, 줌 아웃은 피사체의 일부에서 전체를 보여주고자 하여 전체 상황 등을 보여줄 때 사용합니다.

"혼자 풀어 보세요"

1 가지고 있는 촬영 장비와 특징을 적어보세요.

장 비	특 징

2 스마트폰의 기본 카메라 앱을 이용해 주변을 촬영해 보고, 내 스마트폰에 있는 동 영상 촬영 및 편집 앱은 무엇이 있는지 찾아보세요.

장소와 시간	
주제	
영상 내용	□ 오프닝(시작) □ 본문 □ 클로징(끝맺음)

미디어 콘텐츠 가져오기

03

동영상을 컴퓨터 또는 스마트폰에서 편집할 수 있습니다. 먼저 컴퓨터로 편집해 봅니다. 그러기 위해 내가 촬영한 사진이나 영상 등을 컴퓨터로 옮기고, 편집 작업을 위해 필요한 프로그램을 활용해 봅니다.

➤➤ 스마트폰의 자료를 PC로 옮기는 방법을 알아봅니다.

➤➤ 공유를 이용해 자료를 옮기는 방법을 알아봅니다.

배울 내용 미리보기 ➕

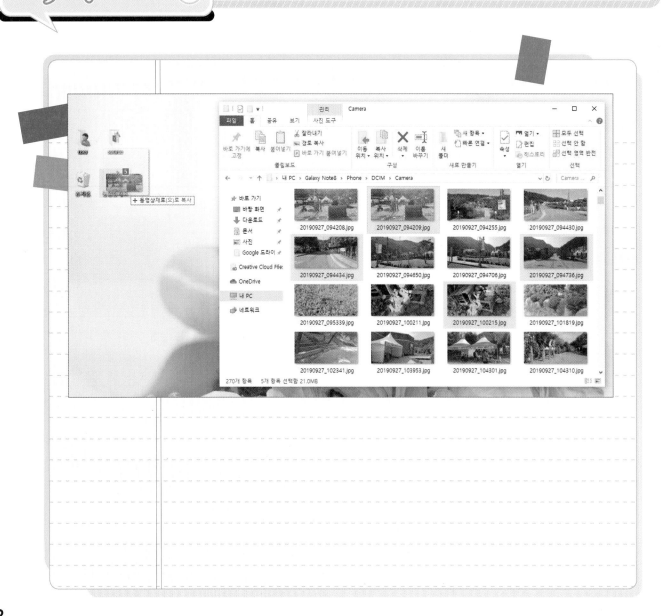

01 스마트폰에서 미디어 자료 옮기기

1 스마트폰으로 촬영한 사진이나 동영상을 컴퓨터에서 작업하기 위해 먼저 스마트폰과 컴퓨터를
USB 케이블로 연결합니다.

2 바탕 화면에서 '내 PC'를 더블클릭한 후 ❶연결된 스마트폰을 더블클릭합니다.

참고하세요

스마트폰을 연결하면 '이 장치에서 할 작업을 선택하세요.' 대화상자가 열리면 '장치를 열어 파일
보기'를 클릭합니다.

③ 스마트폰의 저장 공간이 열리면 ❶'Phone'을 더블클릭합니다.

④ 스마트폰의 폴더가 표시됩니다. ❶'DCIM' 폴더는 촬영한 사진과 동영상이 저장된 폴더입니다.

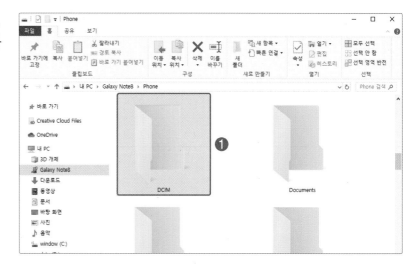

⑤ 원하는 사진만 가져오기 위해 'DCIM' 폴더 안에 있는 ❷'Camera' 폴더를 더블클릭합니다.

참고하세요

SNS 등에서 저장된 파일은 SNS 폴더에 저장됩니다.

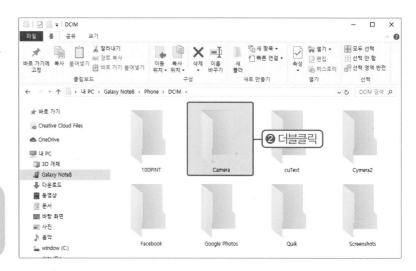

6 바탕 화면에 사진을 옮길 폴더를 먼저 만듭니다. ❶마우스 오른쪽 버튼을 누른 후 [새로 만들기] –[폴더]를 클릭합니다. ❷폴더의 이름은 '동영상자료'를 입력합니다.

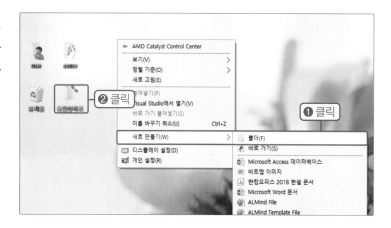

7 원하는 사진만 선택하기 위해 ❶첫 번째 사진을 클릭한 후 다음 사진부터는 ❷ Ctrl 을 누른 상태에서 사진을 선택합니다. ❸선택한 사진을 원하는 폴더 위에 드래그&드롭합니다.

참고하세요

연속되어 있는 사진을 선택하려면 첫 번째 사진을 클릭한 후 Shift 를 누르고 마지막 사진을 선택합니다.

참고하세요

메뉴를 이용하는 방법

파일을 선택한 후 메뉴 줄에서 [복사]를 클릭하거나 Ctrl + C 를 누릅니다. 사진이 이동될 폴더를 연 후 메뉴 줄에서 [붙여넣기]를 클릭하거나 Ctrl + V 를 누릅니다.

02 공유 앱 활용하기

1 공유 앱을 이용해 쉽게 컴퓨터로 자료를 옮길 수 있습니다. ❶Play스토어(플레이 스토어)에서 'SendAnywhere' 앱을 검색하고 설치합니다. ❷앱을 실행시킨 후 접근 권한 요청 허용에 '다음'을 누르고 ❸기기의 사진, 미디어, 파일 접근 허용에 '허용'을 누릅니다.

2 'SendAnywhere' 앱 첫 화면에서 ❶왼쪽 하단의 '보내기'가 선택된 상태에서 ❷'사진', '비디오', '오디오', '앱', '연락처' 중에서 공유할 미디어를 선택합니다. ❸공유할 사진을 선택한 후 ❹오른쪽 하단의 '보내기'를 누릅니다. ❺숫자키를 확인합니다.

③ 스마트폰에서 보내기가 완료되면 컴퓨터의 ❶브라우저를 열고 'https://send-anywhere.com'
에 접속합니다. ❷'받기' 입력란에 숫자 키를 입력한 후 Enter 를 누릅니다.

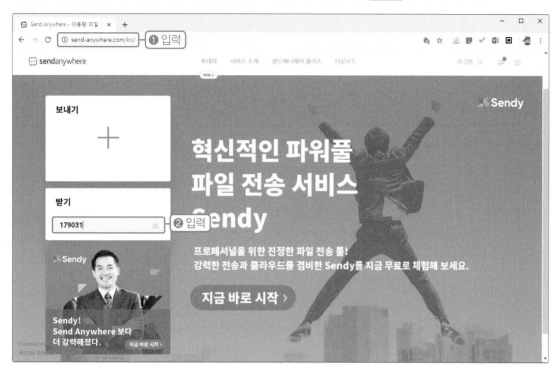

④ 광고가 끝나면 ❶[닫기]를 누릅니다. ❷파일이 컴퓨터로 전송되면 파일이 1개면 원본 파일로 전
송되고 파일이 여러 개면 압축파일로 전송됩니다. ❸파일 전송이 끝나면 왼쪽 하단의 파일의 목
록 버튼을 누른 후 ❹[폴더 열기]를 클릭합니다.

참고하세요

크롬 브라우저에서 내려받은 파일은 '내 PC' 폴더 안에 있는 [다운로드] 폴더에서도 확인이 가능합니
다.

5 압축파일로 전송된 파일은 압축을 풀어 사용하기 위해 ❶'다운로드' 폴더에서 ❷전송받은 압축 파일을 더블클릭합니다.

6 [압축 풀기] 탭의 [압축 폴더 도구]에서 ❶[압축 풀기]를 클릭합니다.

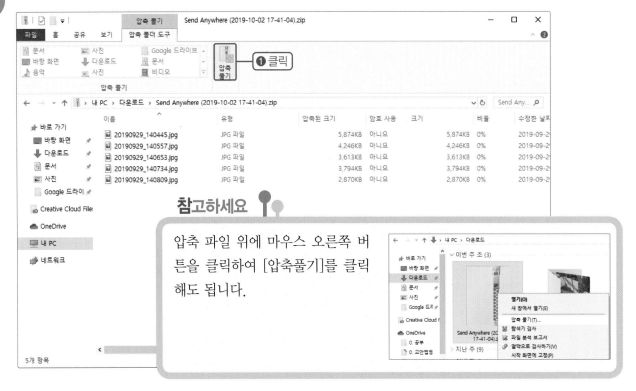

참고하세요

압축 파일 위에 마우스 오른쪽 버튼을 클릭하여 [압축풀기]를 클릭해도 됩니다.

⑦ 압축을 풀어 저장할 폴더를 지정하기 위해
❶[찾아보기(R)]를 클릭합니다.

참고하세요

폴더를 지정하지 않으면 압축파일
이 있는 위치에 압축이 풀어집니
다. 폴더를 따로 설정하면 파일찾
가 편리합니다.

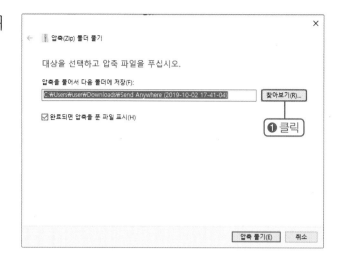

⑧ 저장할 폴더가 없다면 새 폴더를 만
들어 저장합니다. ❶바탕 화면을 선
택한 후 ❷[새 폴더]를 클릭합니다.
❸폴더 이름에 '동영상자료'를 입력한
후 *Enter* 를 누릅니다. ❹새로 만든
폴더가 선택된 상태에서 [폴더 선택]
을 클릭합니다.

참고하세요

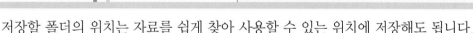

저장할 폴더의 위치는 자료를 쉽게 찾아 사용할 수 있는 위치에 저장해도 됩니다.

⑨ ❶[압축 풀기]를 클릭하여 압축을 풉니다. 압축이 풀리면 폴더를 확인합니다.

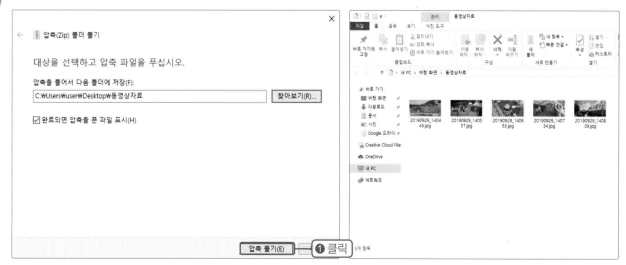

사진 편집하기

다양한 무료 편집 프로그램을 이용하여 초점이 맞지 않는 사진, 밝고 어두운 사진, 초상권을 지켜야 할 인물 사진 등을 간단하게 보정하여 동영상에 활용할 수 있습니다.

>> 사진 프로그램 설치하는 방법을 알아봅니다.

>> 사진 편집하는 방법을 알아봅니다.

>> 사진 효과를 지정하는 방법을 알아봅니다.

배울 내용 미리보기 ➕

포토스케이프 설치하기

1 무료로 제공되는 편집 프로그램 중에서 '포토스케이프'를 설치합니다. 브라우저를 실행하고 'www.photoscape.org'를 입력하고 접속합니다. ❶[무료다운로드] 탭을 클릭한 후 ❷'Download Now'를 클릭합니다.

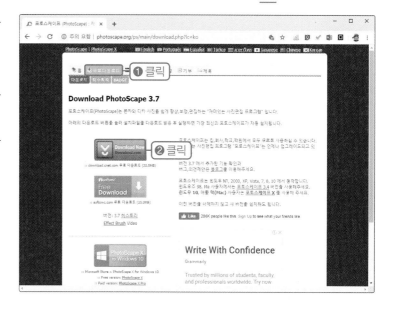

2 다운로드 페이지로 이동되면 ❶'지금 다운로드'를 클릭합니다.

3 작업표시줄 하단의 ❶목록 버튼을 누른 후 ❷[열기]를 선택합니다.

④ '포토스케이프 V3.7 설치' 창이 표시되면 [설치]를 클릭합니다.

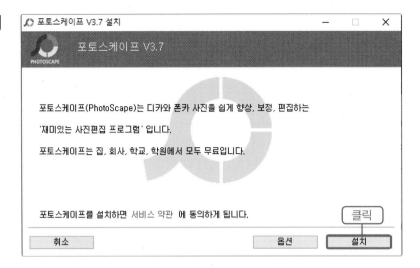

⑤ 설치가 완료되면 [마침]을 클릭합니다.

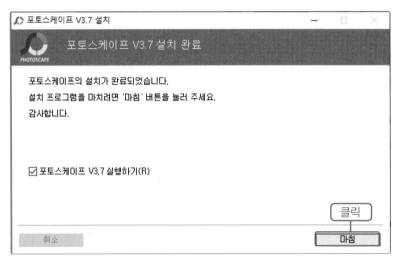

참고하세요

익스플로러에서 다운로드하는 경우에는 [실행]을 클릭합니다.

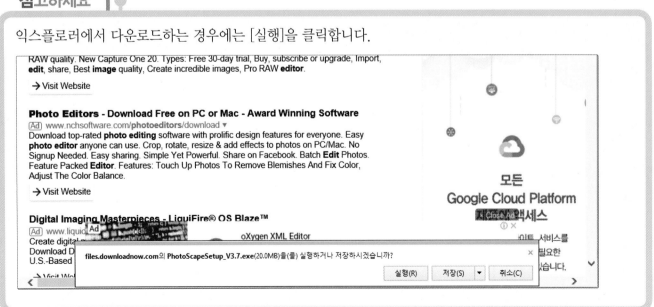

참고하세요 🍭

다양한 무료 편집 프로그램

무료 사진 편집 프로그램은 매우 다양합니다. 유료 프로그램으로는 포토샵을 많이 사용하고 있고 다양한 기능을 제공하여 효과적인 사진 편집을 할 수 있지만 간단하고 쉬운 사진 편집이라면 무료 편집 프로그램을 이용하는 것도 편리합니다.

여러 프로그램을 살펴보고 나에게 맞는 편집 프로그램을 사용합니다.

❶ 포토스케이프(Photoscape)

DLSR에서 사용되는 RAW 파일을 지원하며 사진 보정, 효과, 일괄 편집, 콜라쥬, 이어붙이기, Gif 애니메이션, 화면 캡쳐, 화면 분할 등을 제공하며, 윈도우 10 사용자는 PhotoScape X를 Microsoft 앱으로 제공받아 다양한 기능을 사용할 수 있습니다.

❷ 알씨(AlSee)와 김프(Gimp)

알씨는 알툴즈(https://www.altools.co.kr)에서 무료로 다운로드 받을 수 있으며, 간단한 사진 편집, 일괄 편집, 사진 포맷 변환, 꾸미기, 동영상 만들기 등의 기능을 쉽게 사용할 수 있습니다. 김프는 https://www.gimp.org에서 다운로드 받은 후 설치합니다. 포토샵의 기능을 제공하며, 고품질의 사진 편집을 할 수 있습니다.

❸ 픽슬러(Pixlr)

픽슬러(https://pixlr.com)는 포토샵의 기
능을 사용할 수 있는 온라인 편집기입
니다.

홈페이지 상단 메뉴에서 'PIXLR X'를 선
택합니다. 'PIXLR X'는 초보자를 위해 쉽
고 빠르게 사진 편집을 할 수 있습니다.

홈페이지 상단 메뉴에서 'PIXLR E'를 선
택합니다. 'PIXLR E'는 포토샵의 기능으
로 전문가처럼 고급 편집을 할 수 있습
니다.

02 흐린 사진 보정하기

1 촬영한 사진이 어둡고 흐리게 촬영된 경우 밝게 보정을 합니다. '포토스케이프'를 실행한 후 ❶ '사진편집'을 클릭합니다.

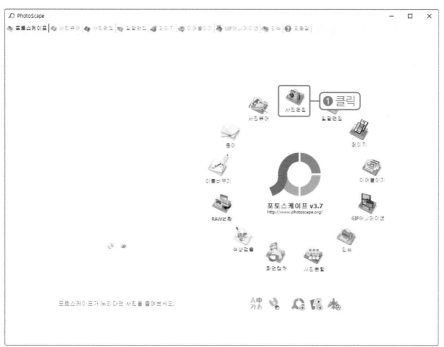

2 ❶왼쪽 상단에서 사진이 있는 폴더를 선택하면 ❷왼쪽 하단에 사진들이 열립니다. '성당.jpg'를 선택하면 미리보기 창에 사진이 표시되어 편집할 수 있습니다.

3 ❶[기본] 탭의 [세피아]를 여러 번 클릭합니다. 여러 번 누를 때마다 효과가 적용되며 ❷[취소]를 클릭하면 전 단계로 되돌아 갑니다. ❸[사진 좌우]를 클릭하여 사진을 회전합니다. ❹[원본 사진]을 클릭하면 원본 사진으로 되돌아 갑니다.

4 어두운 사진을 밝게 보정하기 위해 ❶[밝기, 색상]의 목록 버튼을 클릭한 후 ❷'밝기 커브'를 선택합니다.

참고하세요

'밝게', '어둡게', '진하게' 등의 목록 단추에서 '약, 중, 강'으로 빠르게 보정할 수 있지만 세밀한 보정을 하려면 '밝기 커브'에서 보정합니다.

⑤ [커브] 대화상자에서 사진의 전체 톤을 밝게 하기 위해 ❶커브의 중간을 클릭하여 위로 드래그합
니다. ❷사진의 밝은 영역을 어둡게 하기 위해 첫 번째 칸에 있는 커브의 한 지점을 클릭한 채 아
래로 드래그합니다. ❸어두운 영역을 밝게 하기 위해 아래 칸의 커브의 한 지점을 클릭한 채 위
로 드래그한 후 ❹[확인]을 클릭합니다. 채도 커브와 색상 커브도 같은 방법으로 보정해 보세요.

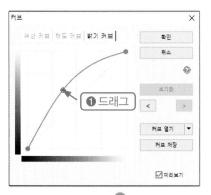
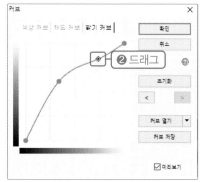
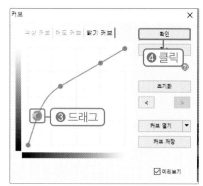

참고하세요 🍭

커브를 이용해 보정이 어려우면 [커브 열기] 목록 버튼을 클릭하여 메
뉴에서 여러 번 선택하여 보정할 수 있습니다. [초기화]를 누르면 원본
상태로 되돌릴 수 있습니다.

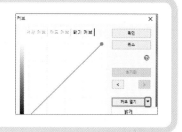

⑥ 사진 전체에 '필름느낌' 효과를 적용하기 위해 ❶[필름느낌] 버튼을 클릭합니다. ❷[필름느낌]
대화상자가 열리면 강도를 '중'으로 선택하고 ❸'크로스 프로세스'를 선택한 후 ❹[확인]을 클릭
합니다.

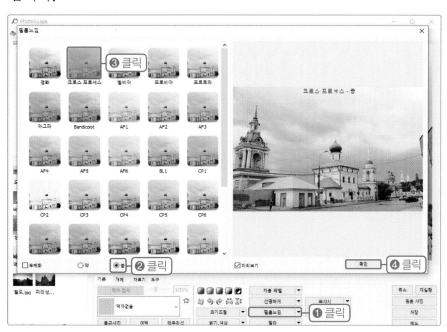

⑦ 보정된 사진을 저장하기 위해 ❶[저장]을 클릭합니다. ❷[저장] 대화상자가 열리면 [저장]을 클릭합니다.

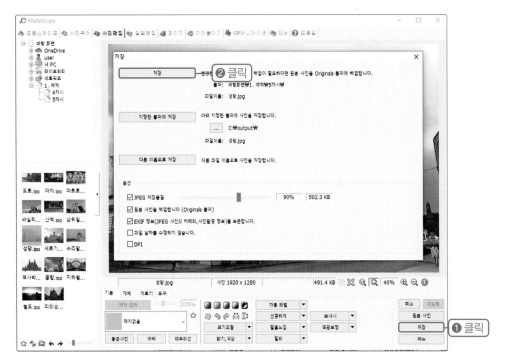

⑧ [저장]을 클릭하면 변경된 내용은 '원본 폴더'에 같은 파일명으로 저장되며 '원본'은 'Originals' 폴더에 따로 저장이 됩니다.

참고하세요

저장 폴더나 파일명을 바꾸어 저장하려면 '다른 이름으로 저장'을 합니다.

03 역광 사진 보정과 텍스트 추가하기

1 어둡게 촬영되거나 역광으로 촬영한 사진을 보정하기 위해 **❶**'철도.jpg' 파일을 선택한 후 **❷**[역광보정]의 목록 버튼을 클릭한 후 **❸**[(*/−)50%(기본값)]을 클릭합니다. 어두운 영역이 밝게 보정되는지 확인하여 여러 번 클릭합니다.

참고하세요

'(+)'는 어두운 영역을 밝게, '(−)'는 밝은 영역을 어둡게, '(+/−)'는 밝은 영역은 어둡게, 어두운 영역은 밝게 보정하며 한 번에 높은 수치로 보정하기 보다는 낮은 수치를 여러 번 적용하여 사진을 보정하는 것이 원본 훼손을 낮출 수 있습니다.

2 사진 전체에 '뽀샤시' 효과를 적용하기 위해 **❶**[뽀샤시] 목록 버튼을 클릭한 후 **❷**[중(기본값)]을 선택합니다.

참고하세요

[뽀샤시] 버튼을 클릭하면 세부 메뉴를 수정할 수 있습니다.

③ 텍스트를 삽입하기 위해 ❶[개체] 탭에서 ❷[글] 버튼을 클릭합니다. ❸[글] 대화상자의 입력란에 "여"를 입력합니다. ❹글꼴은 '휴먼둥근헤드라인'을 선택하고 ❺'글꼴 색'은 '흰색'을 선택한 후 ❻[확인]을 클릭합니다.

④ 글꼴 크기를 조절하기 위해 '여' 텍스트를 클릭한 후 ❶하단의 사각 조절점 위에 마우스를 올려 놓은 후 양쪽 화살표 모양이 되면 좌우 또는 대각선 방향으로 드래그 앤 드롭하여 크기를 조절합니다.

참고하세요

[글] 대화상자에서는 정해진 크기만큼 조절되지만, 텍스트 조절점으로 크기를 조절하면 원하는 크기만큼 조절이 가능합니다.

5 텍스트 위에 마우스를 올려놓고 사방십자가(✛) 모양이 되면 왼쪽 하단으로 이동합니다. 똑같은 형태의 텍스트를 입력하기 위해 복사합니다. 텍스트가 선택된 상태에서 왼쪽 상단의 '➕' 위에 마우스를 올려놓은 후 클릭합니다.

참고하세요

- ➕ : 복사
- ✖ : 삭제
- ↻ : 회전

6 복사된 텍스트 위에 마우스를 올려놓고 ❶사방십자가(✛)가 표시되면 오른쪽으로 드래그하여 이동합니다.

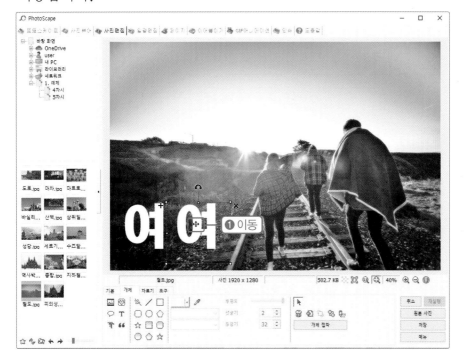

⑦ 텍스트를 더블클릭하면 수정할 수 있습니다. 복사된 텍스트를 더블클릭한 후 ❶입력란에 '행의 시작 나를 찾아가는 시간 '을 입력하고 ❷'투명도'의 슬라이더를 왼쪽으로 드래그하여 낮추고 ❸ [확인]을 클릭합니다.

⑧ 완료되면 텍스트의 위치와 크기를 조절한 후 저장합니다.

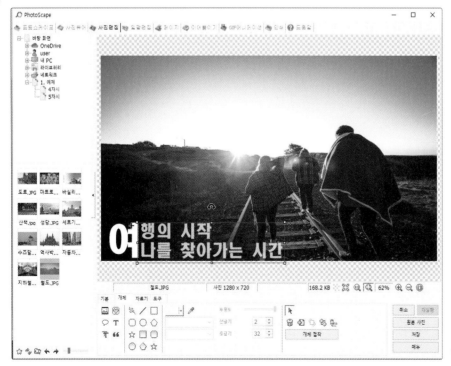

04 자르기와 액자 활용하기

1 필요없는 부분을 잘라내기 위해 **①**'바실리성당.jpg'을 엽니다. **②**[자르기] 탭을 클릭한 후 **③**[자유롭게 자르기]를 선택하고 **④**사진에서 남기고 싶은 부분을 대각선으로 드래그 앤 드롭한 후 사진 위에서 더블클릭합니다.

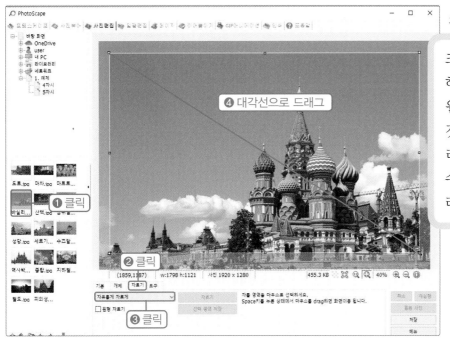

참고하세요

크롭은 주제를 돋보이게 하거나 구도 조정을 위해 원하는 부분만을 남기는 것이고 트리밍은 가장자리 등 불필요하거나 수직 수평 등을 맞추기 위해 잘라냅니다.

2 사진에 '액자'를 적용하기 위해 **①**[기본]탭의 [액자] 목록 버튼을 클릭하여 **②**'그라데이션 02'를 선택합니다.

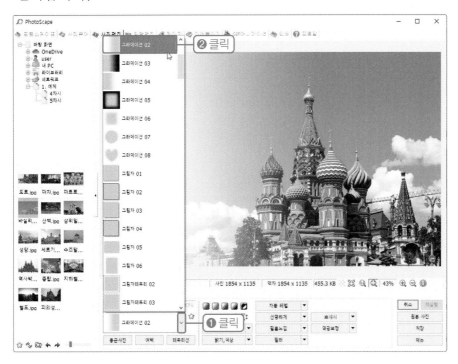

③ 기호를 삽입하기 위해 ❶[개체] 탭에서 ❷[심볼] 버튼을 클릭합니다. ❸[심볼] 대화상자가 열리면 [Wingdings] 목록의 ❹'Wingdings'를 선택한 후 ❺'투명도'를 낮추고 '색'은 'Grey-50'을 선택하고 ❻[확인]을 클릭합니다.

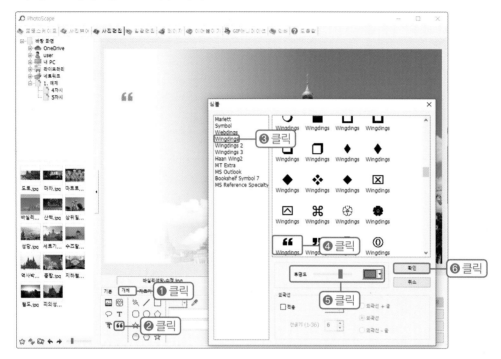

④ 세로 텍스트를 삽입하기 위해 ❶[개체] 탭에서 ❷'글'을 클릭합니다. ❸입력란에 '휴식이 필요한 시간'을 입력한 후 ❹글꼴은 '휴먼둥근헤드라인'을 선택한 후 ❺'색'은 'Grey-50'를 선택하고 글자 크기는 "78"을 입력합니다. 마지막으로 '세로쓰기'에 체크를 한 후 ❻[확인]을 클릭합니다.

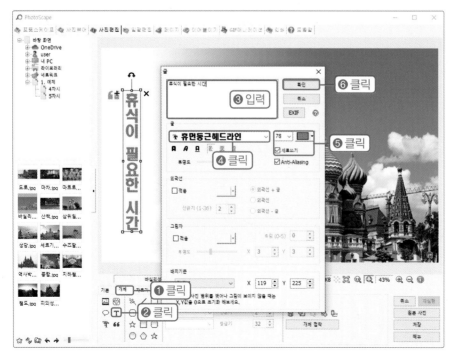

5 다시 기호를 삽입하기 위해 ❶[개체] 탭에서 [심볼] 버튼을 클릭합니다. [심볼] 대화상자가 열리면 ❷[Wingdings] 목록의 ❸'Wingdings'를 선택한 후 ❹'투명도'를 낮추고 이번에는 '색'을 임의로 선택하고 ❺[확인]을 클릭합니다.

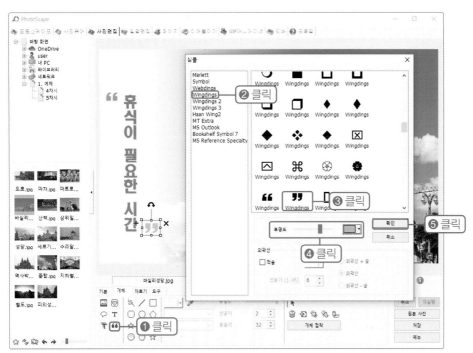

6 심볼과 텍스트의 크기를 조절하고 위치를 적절히 배치하여 완성합니다.

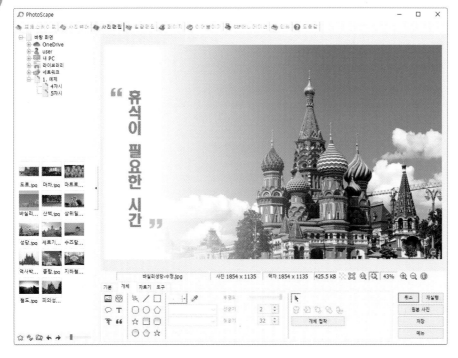

05 아웃포커싱 효과 적용하기

1 사진의 배경을 흐르게 하고 초점을 맞춘 부분은 선명하게 하는 아웃포커싱 효과를 적용하기 위해 ❶'마트로시카.jpg'를 열고 ❷[기본] 탭의 ❸[필터] 목록 버튼을 눌러 ❹[원형필터(아웃포커싱)]을 클릭합니다.

2 [원형필터(아웃포커싱)] 대화상자가 열리면 ❶[흐리게(아웃포커싱)]을 선택한 후 ❷사진에서 선명하게 할 부분을 클릭하여 초점을 맞춥니다. ❸'레벨'을 선택하여 배경의 흐림정도를 조절하고, '크기'는 선명하게 보일 부분의 크기를 조절합니다. 숫자가 클수록 흐린 부분이 작아집니다. '단계'는 원형 테두리의 선명도를 조절합니다. 미리보기 화면을 보면서 조절한 후 ❹[확인]을 클릭합니다.

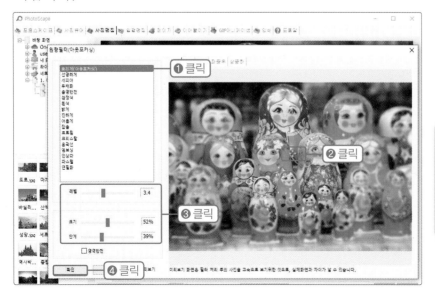

참고하세요

'원형, 좌우, 상하, 좌중우, 상중하'를 선택하여 필터 효과를 다양하게 적용할 수 있습니다.

③ 사진의 배경을 어둡게 만들어 터널 효과를 주는 비네팅 효과를 적용하기 위해 ❶[기본] 탭의 [필터] 목록 버튼을 눌러 ❷[비네팅]의 ❸[#6]을 선택합니다. 여러 효과를 중복하여 적용할 수 있습니다.

참고하세요

비네팅 효과는 사진의 외곽을 어둡게하여 사진에 빨려 들어가게 하는 효과를 줍니다. 이 효과를 적용하기 전에 먼저 사진을 밝게 보정한 후 비네팅 효과를 주면 더욱더 멋진 사진이 됩니다.

④ 다른 필터도 적용시켜 사진을 꾸며 봅시다.

06 모자이크와 수평 맞추기

1 초상권 침해가 있을 수 있는 사진은 모자이크 처리를 해야 합니다. 먼저 사진을 밝게 보정하기 합니다. ❶'지하철.jpg' 사진을 열고 ❷[기본] 탭의 [밝기,색상]의 [밝기 커브]를 선택합니다. ❸ [커브] 대화상자가 열리면 [밝기 커브] 탭에서 조절점을 위로 드래그하여 밝기를 조절하고 ❹ [채도 커브]탭을 누른 후 조절점을 위로 드래그하여 채도를 높인 후 ❺[확인]을 클릭합니다.

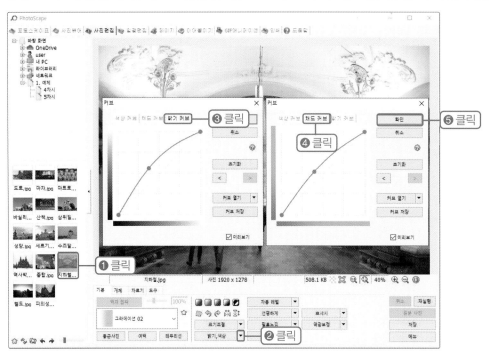

2 ❶[도구] 탭의 ❷[모자이크]를 클릭한 후 ❸[모자이크-약]을 선택합니다.

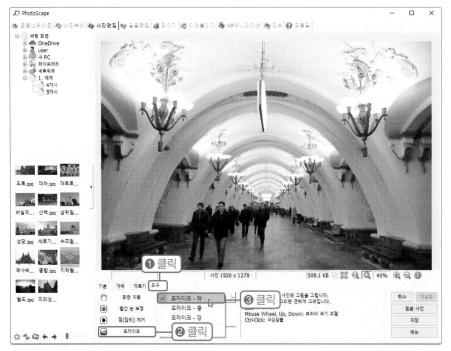

③ 모자이크로 처리할 얼굴 부분을 드래그하여 영역을 설정합니다.

④ 흐트림 효과를 적용하기 위해 ❶[도구] 탭의 ❷[모자이크]를 클릭한 후 ❸[흐트림]을 선택한 후 드래그하면 얼굴이 가려집니다.

5 촬영한 사진 중에 기울여진 사진을 수평을 조절할 수 있습니다. **❶**'도로.jpg' 사진을 불러옵니다. **❷**[기본] 탭에서 **❸**[회전] 버튼을 클릭합니다.

6 '회전' 대화상자에서 **❶**[수평맞추기] 탭의 **❷**'슬라이더 막대'를 왼쪽 또는 오른쪽으로 드래그하며 수평을 맞춥니다. **❸**[확인]을 눌러 완성합니다.

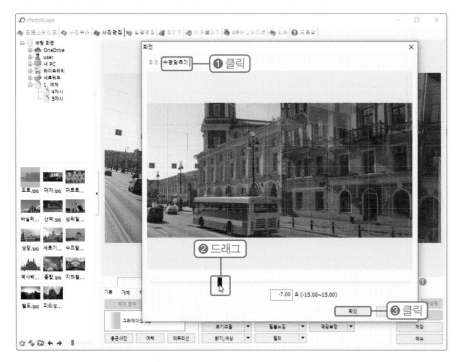

참고하세요

무료 사진, 동영상 다운로드 사이트 소개

❶ pixabay.com

영문과 한글로 검색이 가능하며 이미지, 벡터 그래픽, 일러스트, 비디오를 무료로 다운로드 받을 수 있습니다. 유료 이미지도 있으므로 구별하여 사용합니다.

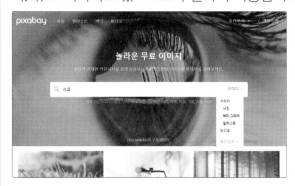

❷ pexels.com

우측 하단에서 언어를 '한국어'로 변경하면 한글로 검색이 가능하며 이미지, 색상별 사진, 비디오를 무료로 다운로드 받을 수 있습니다.

❸ morguefile.com과 unsplash.com

감각적인 고해상도의 사진을 제공합니다.

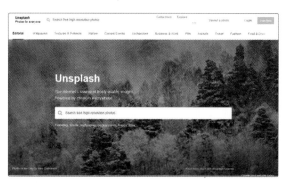

❹ picjumbo.com과 www.foodiesfeed.com

picjumbo는 아름다운 사진, 배경, 고해상도 사진을, Foodiesfeed는 음식 사진을 제공합니다.

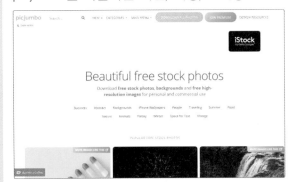
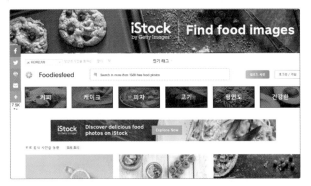

❺ coverr.com과 www.videvo.net

무료로 동영상을 다운로드 받을 수 있습니다. 동영상마다 라이센스는 다를 수 있으니 확인해야 합니다. 배경이나 인트로 등으로 활용하기 좋습니다.

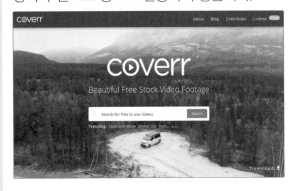

❻ mazwai.com과 www.lifeofvids.com

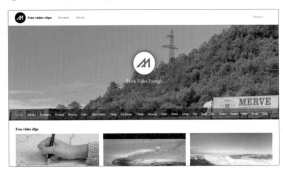

"혼자 풀어 보세요"

1 '역사박물관.jpg' 파일을 열고 조건에 맞게 보정한 후 '역사박물관-보정. jpg'로 저장하세요.

> **조건**
> - 밝기와 채도를 조절해 보세요.
> - [필터]의 [종이질감]-[line_diagonal.jpg]과 [뽀샤시]의 [약]을 적용하세요.
> - '테이프 05' 액자를 적용해 보세요.

2 '자동차.jpg' 파일을 열고 조건에 맞게 보정한 후 '자동차-말풍선.jpg'로 저장하세요.

> **조건**
> - [원형필터(아웃포커싱)]의 [흐리게(아웃포커싱)]를 상하로 적용하세요.
> - 말풍선을 삽입해 보세요.

> **힌트**
> - 말풍선 : [개체] 탭의 말풍선
> - 아웃포커싱 : 필터-원형필터(아웃포커싱)
>   흐리게(아웃포커싱)-상하탭

05 화면 녹화하기

카메라와 스마트폰으로 사진과 동영상 촬영이 가능하며 컴퓨터 화면을 녹화하거나 스마트폰 화면을 녹화하여 동영상을 제작할 수 있습니다. 녹화 프로그램으로 강의, 게임, 스마트폰 활용 방법, 작업과정 등을 제작할 수 있습니다.

➡➡ 컴퓨터 녹화 프로그램을 알아봅니다.

➡➡ 파워포인트로 로고제작 방법을 알아봅니다.

➡➡ 스마트폰용 녹화 프로그램을 알아봅니다.

배울 내용 미리보기 ➕

01 컴퓨터 녹화 프로그램 설치하기

① 무료로 제공되는 PC용 녹화 프로그램으로 오캠(oCam)을 사용합니다. ❶크롬 브라우저에서 '오캠'을 검색하거나 'https://ohsoft.net'로 이동합니다. ❷오소프트 사이트의 [오캠]의 [무료 다운로드]를 클릭합니다.

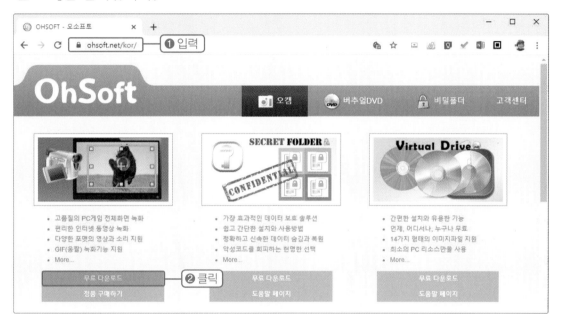

② 화면 하단으로 스크롤을 내린 후 ❶[EXE OhSoft Download]를 클릭합니다.

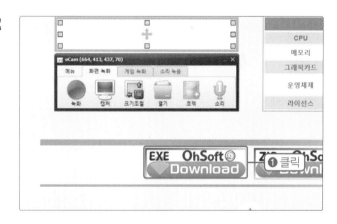

③ 내려받기가 끝나면 작업표시줄의 다운로드된 파일의 왼쪽 하단의 ❶목록 버튼을 누른 후 ❷[완료되면 열기]를 클릭합니다.

참고하세요

다운로드 파일은 '내 PC-다운로드' 폴더에 있습니다.

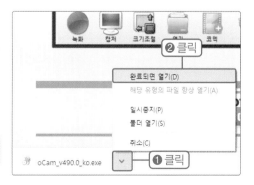

④ [설치 - oCam] 대화상자의 ❶[사용자 계약에 동의합니다]에 체크하고 ❷[다음]을 클릭합니다.

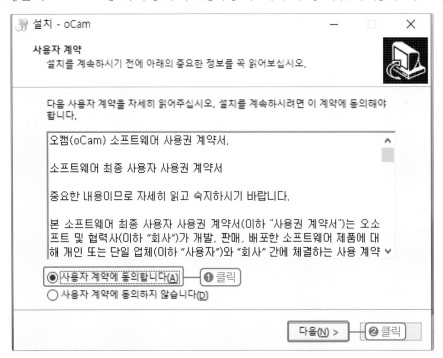

⑤ 설치가 완료되면 '오캠'이 실행되고 초록색 녹화 영역과 오캠 프로그램 화면이 표시됩니다.

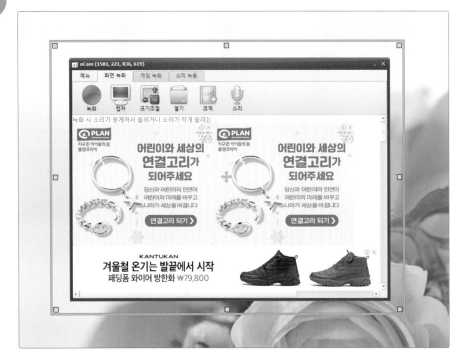

02 오캠으로 녹화하기

1 녹화를 하기 전에 필요한 사항을 옵션에서 설정합니다. ❶[메뉴] 탭의 ❷[옵션]을 클릭합니다.

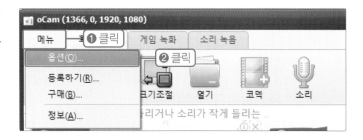

2 [단축키] 탭에서 녹화할 때 편리하게 사용될 단축키가 표시되며 수정할 수도 있습니다. '녹화'와 '중지'는 **F2**, '일시중지'는 **Shift** + **F2** 를 사용하는 것이 편리합니다.

3 화면을 녹화할 때 커서의 움직임을 표시할 수 있습니다. 마우스 왼쪽 단추를 클릭했을 때 효과를 주기 위해 ❶[효과] 탭의 ❷[왼쪽-클릭 효과] 탭에서 [마우스 왼쪽 클릭 효과 추가]를 체크한 후 스타일과 색상을 설정할 수 있으며 ❸[하이라이트 효과] 탭에서 [마우스 커서 하이라이트 효과 추가]를 체크한 후 색상과 불투명도를 설정할 수 있습니다. [커서 크기] 탭에서 커서의 크기를 설정할 수 있습니다.

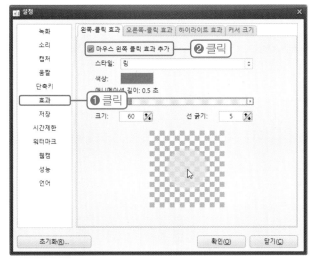
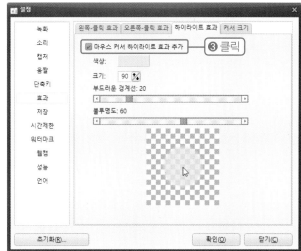

4 녹화 크기를 먼저 설정해야 합니다. ❶[화면 녹화] 탭에서 ❷[크기 조절]을 클릭하고 ❸[유튜브]를 클릭한 후 ❹[1920×1080(FHD)]를 클릭합니다.

참고하세요

모니터의 해상도에 따라 지원하는 크기가 다를 수 있습니다. 해상도에 맞는 크기를 설정하세요.

5 크기를 설정하면 정해진 사이즈의 초록색 사각형이 표시됩니다. 초록색 녹화 테두리에 녹화할 화면의 크기를 조절합니다.

참고하세요

'녹화 화면' 대화상자의 상하좌우 사각 조절점을 이용해 크기를 조절하고 이동할 수 있습니다.

6 소리도 함께 녹화하기 위해 ❶[소리]를 클릭한 후 컴퓨터에 연결된 ❷마이크를 선택합니다.

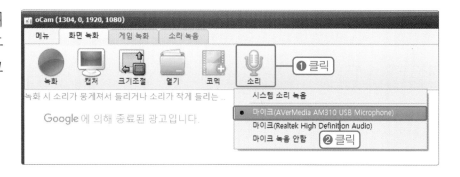

7 녹화 준비가 끝나면 ❶'녹화' 또는 F2 를 눌러 녹화를 시작하고, 녹화가 끝나면 ❷'중지' 또는
  F2 를 눌러 녹화를 끝냅니다.

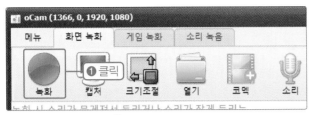 

참고하세요

녹화를 '일시 중지'하려면 '일시 중지' 또는 Shift + F2 를 누릅니다.

8 녹화된 동영상을 확인하기 위해 ❶[열기]를 클릭합니다.

9 녹화된 동영상 폴더가 열리며 파일을 확인할 수 있습니다.

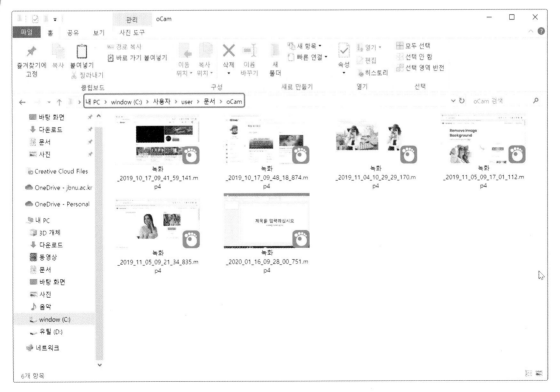

03 파워포인트로 워터마크 제작하기

1 워터마크는 녹화프로그램 및 동영상 편집 프로그램에서 로고를 넣을 때 유용하게 사용됩니다. 파워포인트를 열고 ❶ [홈] 탭의 [슬라이드] 그룹에서 ❷[레이아웃]의 ❸[빈 화면]을 클릭하여 레이아웃을 변경합니다.

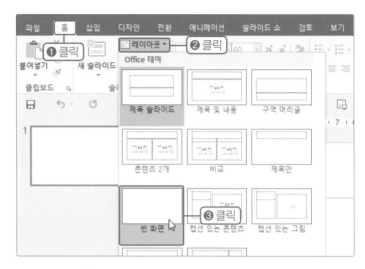

2 ❶[삽입] 탭의 ❷[텍스트] 그룹에서 [WordArt]를 클릭합니다. ❸워드아트 목록에서 임의의 워드아트를 선택합니다.

3 ❶워드아트 입력란에 "우리 동네TV"를 입력한 후 ❷ [홈] 탭의 ❸[글꼴] 그룹에서 글꼴을 'HY헤드라인M' 으로 설정합니다.

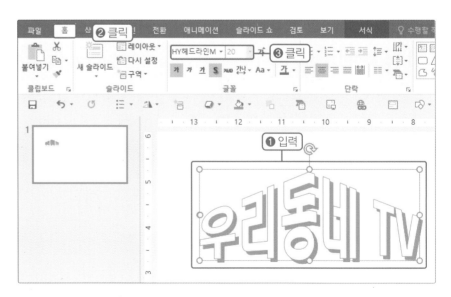

④ 삽입된 워드아트가 선택된 상태에서 오른쪽 상단의 ❶[그리기 도구]-[서식] 탭의 ❷[WordArt 스타일] 그룹에서 [텍스트 효과]의 ❸[변환]을 클릭하여 ❹[삼각형]을 선택합니다.

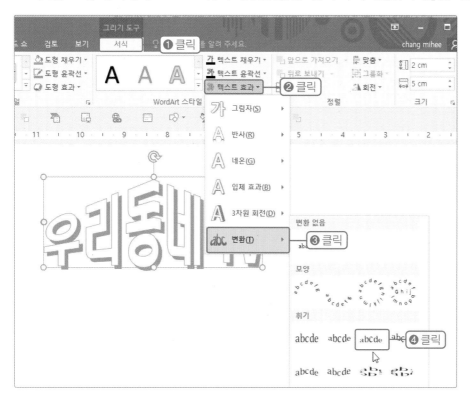

⑤ 제작된 워드아트의 크기를 변경하기 위해 워드아트를 선택한 후 ❶[그리기 도구]-[서식] 탭의 ❷[크기] 그룹에서 높이는 "2cm", 너비는 "5cm"를 입력합니다.

참고하세요

동영상 편집프로 그램에서는 크기를 자유롭게 조절이 가능하여 그대로 저장하여 사용해도 됩니다.

6 제작된 로고를 그림으로 저장하기 위해 워드아트를 선택한 후 ❶마우스 오른쪽 버튼을 클릭하여 [그림으로 저장]을 선택합니다. [그림으로 저장] 대화상자에서 ❷저장 폴더를 바탕 화면으로 설정하고 ❸저장 파일명으로 "로고"를 입력한 후 확장자는 'png 형식'으로 설정합니다. ❹[저장]을 누릅니다.

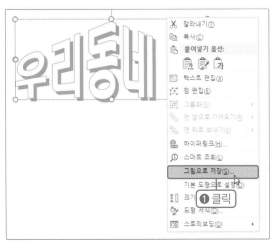
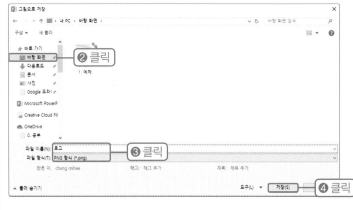

7 동영상을 녹화하면서 워터마크를 추가할 수 있습니다. ❶[메뉴] 탭의 ❷[옵션]을 클릭합니다.

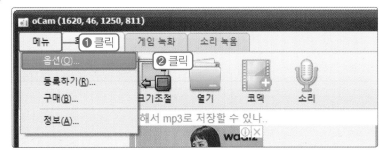

8 ❶[워터마크] 탭의 ❷[워터마트 사용]을 체크한 후 ❸[...]을 누른 후 앞에서 저장한 '로고.png' 워터마크 그림 파일을 불러옵니다. ❹워터마크의 위치와 여백, 불투명도를 설정한 후 ❺[확인]을 클릭합니다. 녹화를 시작하면 우측 상단에 로고가 입력되어 녹화가 됩니다.

참고하세요

'여백'은 동영상의 테두리에서 떨어지는 간격입니다.

9 오캠에서 F2를 눌러 녹화하면 동영상 우측에 로고가 같이 녹화됩니다. 로고는 녹화할 때 삽입하지 않고 동영상 편집과정에서 삽입해도 됩니다.

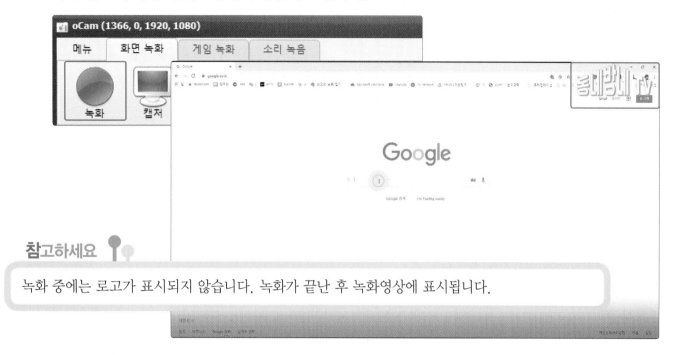

참고하세요

녹화 중에는 로고가 표시되지 않습니다. 녹화가 끝난 후 녹화영상에 표시됩니다.

참고하세요

녹화할 때 내 모습 함께 녹화하기

[옵션]-[웹캠]-웹캠 오버레이 추가하기 체크, 비디오 크기와 위치, 여백 등 설정합니다.

무료 녹화 프로그램들

'곰캠', '오캠', '반디캠', 'OBS' 등 다양한 무료 프로그램들이 있습니다. 여러 프로그램을 실행해 보고 나에게 맞는 프로그램을 설치해 사용합니다.

04 스마트폰 화면 녹화하기

① 모비즌 스크린 레코더로 스마트폰의 화면을 녹화할 수 있습니다. ❶구글플레이 스토어의 검색창에서 "모비즌"을 입력하여 검색하고 [설치]를 터치합니다. ❷설치가 완료되면 [모비즌]을 터치하여 실행합니다. ❸[녹화]버튼을 터치합니다.

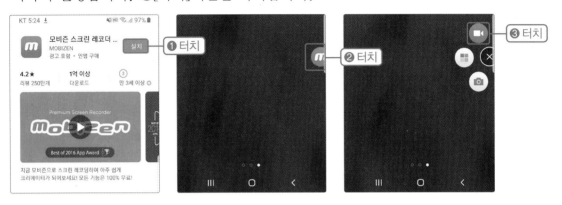

② ❶[사진과 미디어, 파일에 접근 허용] 메시지에 [허용]을 터치하고, ❷[오디오 녹음 허용] 메시지에 [허용]을 터치합니다. ❸[시작하기]를 터치하여 스마트폰 화면을 녹화합니다.

③ 녹화를 끝내려면 ❶[정지]를 터치합니다. 녹화된 동영상은 [갤러리]의 [Mobizen] 폴더에 저장됩니다. 앱을 끝내려면 모비즌 앱을 길게 눌러 [×] 표시 위로 끌어다 놓으면 종료됩니다.

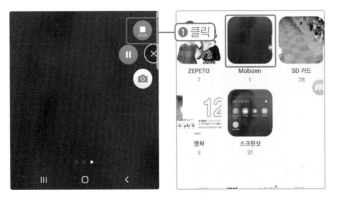

참고하세요

저작권 알아두기

동영상을 제작하면서 이미지, 동영상, 음원, 폰트 등을 마음대로 사용하면 저작권에 위배되어 벌금을 부과할 수 있습니다. 무료 사이트에서 다운로드받아 사용해도 때에 따라 무료에서 유료로 전환되거나 저작권 표시를 해야 사용할 수 있는 경우가 있으니 사용 조건을 살펴보아야 합니다. http://ccl.cckorea. org에서 라이선스 허락 조건과 종류들에 대해 자세하게 확인하고 사용하세요.

■ **저작물의 이용 허락 조건 확인하기**

🛈 저작자 표시(Attribution) : 저작자와 출처 표시

🚫 비영리(Noncommercial) : 비영리 목적으로만 사용

⊜ 변경금지(No Derivative Works) : 변경하거나 2차 저작물 제작 금지

↻ 동일조건변경허락(Share Alike) : 2차 저작물 허용, 2차 저작물에 원 저작물과 동일한 라이선스 적용

■ **저작권 보호 대상 알아보기**

• TV 프로그램, 영화, 온라인 동영상 등의 '시청각 작품'
• 음원 및 음악 작품
• 강의, 기사, 책, 음악 작품 등이 '저술 작품'
• 그림, 포스터, 광고 등의 '시각 작품'
• 비디오 게임 및 컴퓨터 소프트웨어
• 연극, 뮤지컬 등의 '극 작품'

동영상 편집 프로그램 설치하기

동영상 제작에 필요한 사진과 동영상 파일들이 있다면 컴퓨터와 스마트폰으로
동영상을 제작할 수 있습니다. 쉽고 빠르게 제작할 수 있는 무료 프로그램으로
동영상을 만들어 봅니다.

➡➡ 동영상 편집 프로그램을 알아봅니다.
➡➡ 동영상 편집 프로그램을 설치하는 방법을 알아봅니다.

배울 내용 미리보기 ➕

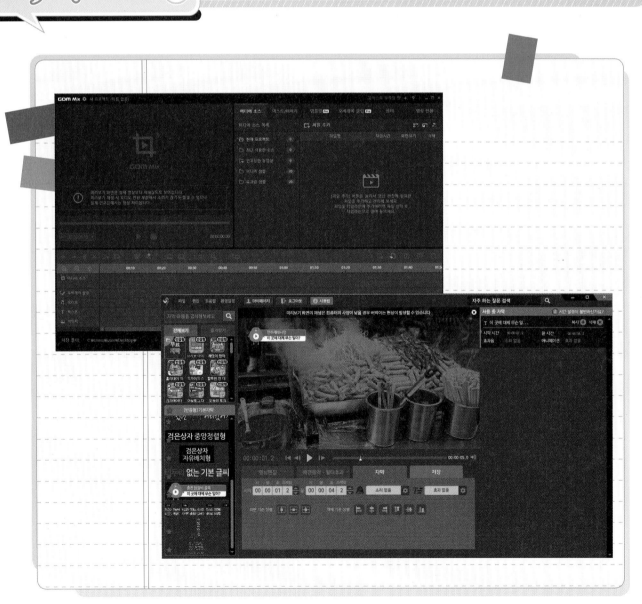

01 나에게 맞는 동영상 프로그램 찾아보기

동영상 프로그램에는 무료와 유료로 제공되는 다양한 편집 프로그램이 있습니다. 처음부터 어렵고 다루기 힘든 프로그램 보다는 쉽고 간단한 무료 프로그램을 사용하였다가 많은 기능이 필요할 때 유료 프로그램 사용하는 것을 권장합니다. 여러 프로그램을 사용해 보면서 나에게 맞는 프로그램을 선택합니다. 무료 프로그램에는 곰랩에서 제공하는 곰믹스와 곰믹스 프로를 제공하고 있습니다.

곰믹스 무료와 곰믹스 프로의 차이점은 다음과 같습니다.

곰믹스 무료	곰믹스 프로 무료	곰믹스 프로 유료
곰믹스 기본 기능 사용	인코딩 시간이 10분 제한	인코딩 시간이 제한 없음
화면 자르기, 클립 배속 사용불가	인코딩 완료 후 워터마크 삽입	인코딩 완료 후 워터마크 없음
인코딩시 워터마크 없음	미디어 소스 샘플, 템플릿 등이 제한	모든 미디어 소스 사용
	화면 자르기, 클립 배속가능	

뱁믹스는 비상업적 용도에 무료로 사용이 되며 다양한 자막과 속도조절, 자르기, 배경음악, 나레이션 등의 기본 기능만으로도 쉽고 빠르게 만들 수 있으며 필요한 아이템은 유료나 장기권을 구입하여 사용합니다. 뱁믹스는 http://www.vapshion.com에서 설치할 수 있습니다.

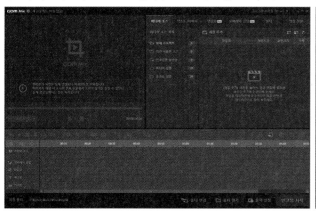 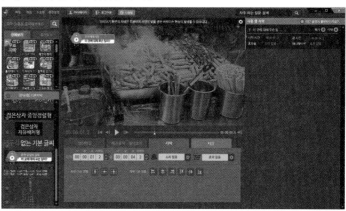

유료 프로그램으로 많이 사용하는 프리미어 프로, 베가스, 맥에서는 파이널컷 프로가 주로 사용됩니다.

영상의 색보정, 시각효과, 특수효과, 오디오 후반 제작 등이 가능한 프로그램으로 다빈치 리졸브(Davinci Resolve)가 있으며 무료 버전과 유료 버전으로 제공되며 무료 프로그램만으로도 전문가적인 영상편집이 가능하지만 초보자는 익히기에 시간이 걸립니다.

1 무료로 제공되는 곰믹스를 설치합니다. ❶크롬 브라우저의 검색창에 "곰랩"을 입력하여 검색하거나 주소창에 "htt ps://www.gomlab.com"을 입력하여 접속합니다. ❷홈페이지의 왼쪽 상단의 [소프트웨어]를 클릭합니다.

2 ❶[곰믹스]의 ❷[곰믹스]를 클릭합니다.

3 오른쪽 스크롤바를 이용해 아래로 화면을 이동한 후 ❶[Windows]를 클릭하고 ❷[다운로드]를 클릭합니다. 다운로드가 끝나면 ❸왼쪽 하단의 목록 버튼을 누른 후 ❹[열기]를 클릭합니다.

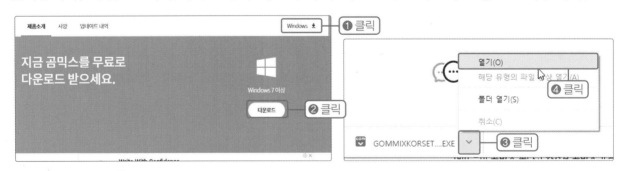

참고하세요

익스플로러에서는 [설치]를 클릭하세요. 크롬에서 다운로드한 파일은 [내 PC] 폴더의 [다운로드] 폴더에 있습니다.

④ [곰믹스 설치] 대화상자가 열리면 ❶[다음]을 클릭한 후 ❷[동의함]을 클릭합니다.

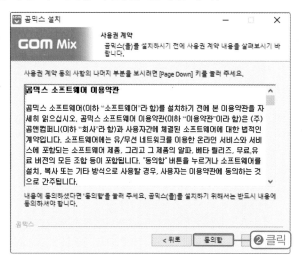

⑤ ❶구성 요소 선택 창에서 필요한 부분을 체크한 후 [다음]을 클릭한 후 설치 위치 선택은 그대로 둔 채 ❷'제휴 서비스 선택'은 해제한 후 ❸[다음]을 클릭합니다.

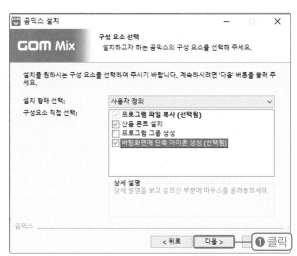

⑥ ❶설치 완료창에서 제휴 서비스 체크를 해제하고 ❷[마침]을 클릭하여 완료합니다.

1 '곰믹스'를 실행한 후 화면 구성을 살펴 봅니다.

❶ 탑바 : 곰믹스의 환경 설정과 프로젝트 저장이름 등이 표시
됩니다.

❷ 미리보기 창 : 현재 편집 중인 사진, 동영상, 텍스트 오버
레이 클립 등이 표시되며, 재생 컨트롤러와 재생 시간 위치
조절 아이콘이 있습니다.

❸ 소스 및 효과 영역 : 동영상 편집을 위한 미디어 소스, 텍스
트/이미지, 템플릿, 오버레이 클립, 필터, 영상 전환 효과
등을 추가할 수 있으며 작업 목록을 관리합니다.

• 미디어 소스 : 동영상, 사진, 오디오 등을 추가합니다.

• 텍스트/이미지 : 자막, 이미지, 애니메이션 등을 추가할 수 있습
니다.

• 템플릿 : 기본 템플릿 또는 유료 템플릿을 적용합니다.

• 오버레이 클립 : 화면 확대/축소, 애니메이션, 프레임, 오프닝/클
로징 등의 영상 효과를 적용합니다.

• 필터 : 영상 또는 사진의 색상 보정과 질감을 적용합니다.

• 영상 전환 : 영상과 사진이 전환할 때 전환 효과를 적용합니다.

❹ 소스 편집 메뉴 : 동영상, 사진, 오디오 등을 편집할 수 있
습니다.

❺ 타임라인 트랙 : 현재 편집 중인 프로젝트에 추가한 사진,
동영상, 오디오, 자막, 오버레이 클립 등을 표시합니다.

❻ 프로젝트 관리 메뉴 : 현재 편집 중인 상태를 저장하거나 저
장된 프로젝트 파일을 불러올 수 있으며 새로운 프로젝트를
생성합니다.

❼ 인코딩 메뉴 : 편집이 완료된 프로젝트를 동영상 파일로 인
코딩할 수 있습니다. 저장경로를 변경할 수 있으며 인코딩
출력 환경을 설정할 수 있습니다.

참고하세요

뱁믹스 동영상 편집 프로그램 소개

초보자도 쉽게 만들 수 있는 동영상 편집 프로그램으로 무료로 사용이 가능하지만 미디어 소스의 사용 제한이 있으며 유료 또는 미디어를 구입하여 사용 가능합니다. 기본 기능만으로도 쉽고 빠르게 제작·가능합니다.

① vapshion.com에 접속합니다. 뱁믹스를 설치합니다. [시작하기]를 클릭한 후 로그인을 하여 실행합니다.

② [영상편집] 탭에서 '시간조절, 화면조절'을 할 수 있으며, [배경음악·필터효과]에서 배경음악을 추가하고 필터효과를 적용할 수 있습니다.

③ 자막을 쉽게 삽입할 수 있습니다. 무료와 유료가 있습니다. [저장] 탭에서 프로젝트 파일과 인코딩을 완료합니다.

07 사진으로 동영상 제작하기

스마트폰으로 촬영한 사진이 있다면 여러 장의 사진과 함께 자막을 추가하고
영상전환 효과와 오디오를 추가하여 동영상을 제작할 수 있습니다.

➤➤ 여러 장의 사진으로 동영상 제작 방법을 알아봅니다.

➤➤ 사진 효과를 적용하고 자막을 삽입하는 방법을 알아봅니다.

➤➤ 오디오를 추가하는 방법을 알아봅니다.

배울 내용 미리보기 ＋

▲ 완성 파일 : 여행.mp4 , 시장.mp4

01 사진으로 동영상 제작하기

1 바탕 화면의 [곰믹스🔲]를 더블클릭하여 실행하거나 ❶[시작]을 클릭한 후 ❷[곰믹스]를 클릭합니다.

2 '곰믹스' 프로그램을 실행한 후 동영상으로 제작할 사진을 가져오기 위해 ❶[미디어 소스] 탭의 ❷[파일 추가]를 클릭합니다.

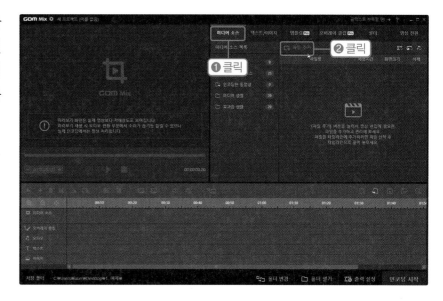

3 [열기] 대화상자에서 ❶첫 번째 사진을 클릭한 후 ❷ Shift 를 누르고 '시장.JPG'를 클릭합니다. 다른 사진을 추가로 선택하기 위해 ❸ Ctrl 을 누르고 '철도.jpg'와 '취미.jpg'를 클릭하여 사진을 선택한 후 ❹ [열기]를 클릭합니다.

4 ❶미디어 목록에서 첫 번째 사진을 클릭하고 Shift 를 누르고 마지막 사진을 클릭하여 모든 사진을 선택한 후 ❷타임라인의 '미디어 소스'로 드래그합니다. 원하는 사진만 드래그하여 타임라인에 끌어다 놓아도 됩니다.

곰믹스 프로에서는 파일을 추가하면 타임라인에 바로 적용됩니다.

5 ❶타임라인의 '미디어 소스'에서 첫 번째 사진을 클릭한 후 ❷미리보기의 '재생/일시정지' 또는 Space Bar 를 눌러 재생합니다.

미디어가 있는 폴더에서 동영상을 만들 사진, 동영상,오디오 등을 '미디어 소스' 목록창에 드래그하여 추가할 수 있습니다.

6 ❶왼쪽의 타임라인의 클립들을 확인할 수 있도록 [확대]를 클릭합니다. 클립의 위치를 변경할 수 있습니다. ❷'철도.jpg'의 위쪽 테두리에 마우스를 올려 놓으면 ❸↕일 때 드래그합니다.

7 클립을 드래그하면 빨간색의 타임바가 연두색으로 변경되며 함께 이동됩니다. ❶연두색 타임바를 이동할 곳에 놓으면 위치를 바꿀 수 있습니다.

8 필요없는 클립을 삭제할 때는 ❶클립을 선택한 후 ❷메뉴 줄의 '휴지통' 또는 Delete 를 누르면 삭제됩니다.

02 클립 재생시간 조절과 사진 효과넣기

1 사진이나 동영상의 재생시간은 기본적으로 5초입니다. 각 클립마다 재생시간을 조절할 수 있습니다. 클립 위에 마우스를 올려 놓으면 '파일명, 시작 시간, 종료 시간, 지속 시간' 등이 표시됩니다.

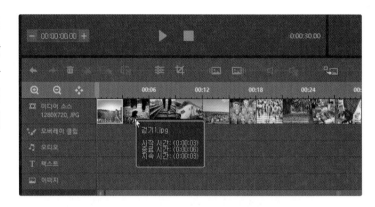

2 재생 시간을 조절할 사진 클립을 클릭한 후 좌우측 테두리에 마우스를 올려 놓고 ❶마우스 포인터가 '↔'가 되면 좌우로 드래그합니다. ❷미리보기 창의 '재생위치설정'의 시간을 보면서 조절해 봅니다.

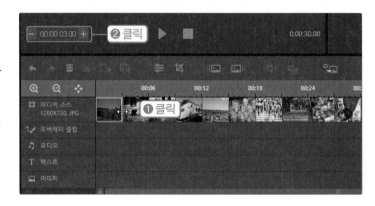

3 ❶'바쁨' 클립도 우측 테두리를 드래그합니다. ❷재생 위치 설정의 시간을 보면서 조절해 봅니다.

참고하세요

클립들을 확대/축소하려면 **Ctrl** 을 누른 채 마우스 휠을 위/아래로 드래그합니다.

타임라인에서는 ❶확대 ❷축소 ❸전체보기 버튼을 클릭하여 조절합니다.

④ 사진을 추가하고 '필터'를 적용해 보겠습니다. ❶'걷기.jpg' 사진을 ❷같은 사진이 있는 타임라인의 '미디어 소스'로 드래그하여 추가합니다.

⑤ 두 장의 같은 사진에서 ❶첫 번째 사진 클립을 선택한 후 ❷[필터] 탭을 클릭합니다. ❸[색상형]의 ❹[옛날 사진] 필터를 선택한 후 ❺[적용]을 누릅니다.

6 다른 필터를 적용하기 위해 ❶'마을.jpg' 클립을 선택한 후 ❷[필터] 탭을 클릭합니다. ❸[색상형]의 ❹[카메라/필름] 필터를 선택합니다.

7 다른 효과를 적용하기 위해 ❶[텍스처/비네팅]의 목록 버튼을 누른 후 ❷세 번째의 [텍스처] 효과를 선택합니다. ❸알맞게 [투명도]를 조절한 후 ❹[적용]을 누릅니다.

참고하세요

필터를 적용한 후 원래대로 해제하려면 [필터] 탭에서 [효과 적용 해제]를 클릭하면 원본으로 되돌릴 수 있습니다. '현재 영상' 또는 '전체 영상' 등 적용 대상을 선택할 수 있습니다.

⑧ 사진을 보정할 수 있습니다. ❶'산책.jpg' 클립을 선택한 후 [필터] 탭의 [색상형]에서 ❷[밝기/대비]를 선택합니다. ❸[밝기]의 슬라이더 막대를 이용해 밝기를 조절한 후 [대비]의 값을 조절합니다.

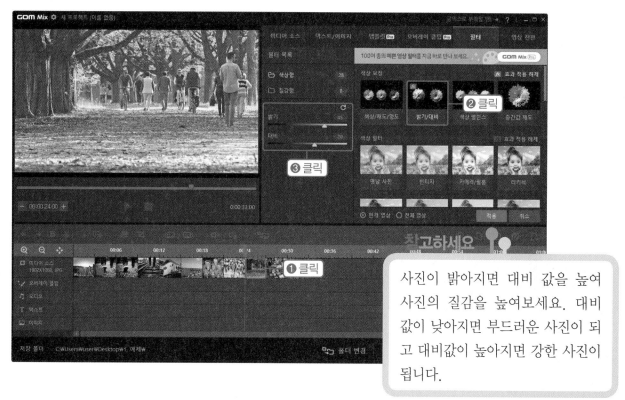

사진이 밝아지면 대비 값을 높여 사진의 질감을 높여보세요. 대비 값이 낮아지면 부드러운 사진이 되고 대비값이 높아지면 강한 사진이 됩니다.

⑨ 사진이 붉게 나오거나 파란색이 많이 포함된 사진 또는 색상을 바꾸거나 색을 추가하고 빼는 방법입니다. ❶[색상 밸런스]를 선택한 후 ❷색상을 조절한 후 ❸[적용]을 누릅니다.

붉은색을 빼려면 '청록'색을 추가하고 파란색을 빼려면 '노랑'쪽으로 색을 추가합니다. 빼거나 추가하려는 색상쪽으로 드래그합니다.

03 오디오 삽입하기

1 오디오를 삽입하기 위해 ❶[미디어 소스] 탭의 ❷[현재 프로젝트]에서 ❸[파일 추가]를 클릭합니다. ❹[열기] 대화상자가 표시되면 'Green_Hills.mp3' 오디오 파일을 선택한 후 ❺[열기]를 누릅니다.

2 미디어 목록에서 ❶오디오 파일을 ❷타임라인의 '오디오'로 드래그하여 삽입합니다.

③ 오디오를 현재 동영상 클립과 맞추기 위해 하단의 스크롤을 오른쪽 끝으로 이동합니다. ❶오디오 파일을 우측 테두리에 마우스를 올려놓고 마우스 포인터가 '↔'되면 왼쪽으로 드래그하여 동영상 클립과 길이를 맞춥니다. '재생' 또는 Space Bar 를 눌러 영상을 재생합니다.

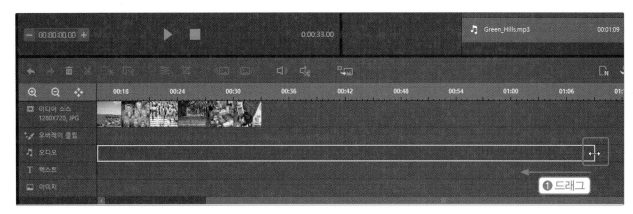

④ 클립과 오디오의 길이를 맞추었습니다. 오디오의 스피커를 누르면 음원이 '음소거/음소거 해제'가 됩니다. 음소거가 되지 않도록 주의합니다.

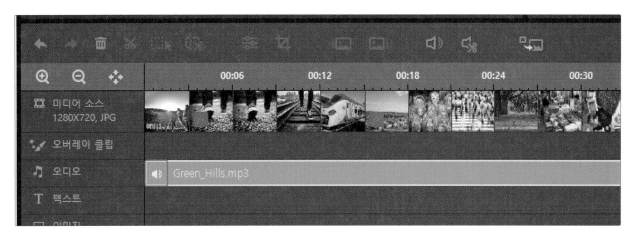

참고하세요

오디오 파일을 드래그하여 시작위치를 변경할 수 있습니다. 또한 미리보기 재생을 하면 오디오와 동영상 전환할 때 끊김현상이 일어납니다. 인코딩을 완료하면 끊김현상이 없어지고 정상 처리됩니다.

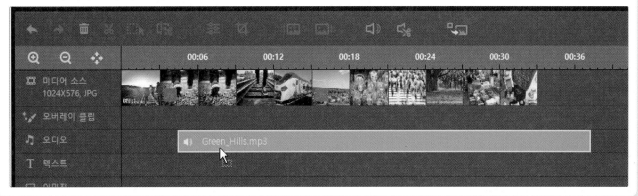

참고하세요

무료 음원 다운로드 사이트

❶ 유튜브 오디오 라이브러리

유튜브에 로그인하면 무료로 음원을 다운받을 수 있습니다.

① 유튜브 오디오 라이브러리 채널에서 다운로드 유튜브 로그인 – YouTube 스튜디오 – 오디오 라이브러리를 클릭합니다.

② 왼쪽의 '▶'를 눌러 음악을 재생한 다음 우측의 다운로드 화살표를 눌러 다운로드합니다. 오디오 중에 저작권 표시가 있는 경우(사람 표시)는 영상 소개란에 아티스트 정보를 표시해야 사용할 수 있습니다. 표시하지 않으면 문제가 될 수 있습니다.

❷ 까칠한 클래식 http://www.kkacl.com

회원가입이 필요없고 저작권이 만료되었거나 저작인접권이 만료된 클래식을 다운로드 받을 수 있습니다.

① http://www.kkacl.com에 접속하여 상단의 [음원]을 클릭합니다. '내려받기 음원'을 클릭한 후 [다운로드]를 클릭합니다.

❸ 공유마당 https://gongu.copyright.or.kr

국내 아티스트들이 저작권을 기증하여 사용할 수 있는 사이트입니다. 음원, 사진, 영상, 폰트를 사용할 수 있습니다.

1️⃣ 사이트에 접속한 후 상단의 '메뉴'를 클릭한 후 '음악'을 선택합니다. 음악의 종류를 선택합니다.

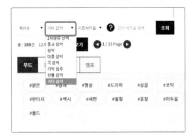

2️⃣ 저작권의 종류를 선택한 후 '조회'를 클릭합니다. 자유이용을 확인한 후 음원을 선택합니다.

3️⃣ 재생을 하고 '이용 범위 숙지 동의'에 체크한 후 다운로드합니다.

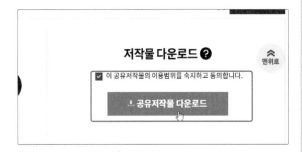

다양한 음원 사이트들

❶ https://www.bensound.com
❷ https://www.soundsnap.com
❸ https://www.behance.net/
❹ https://freesound.org

04 프로젝트 파일과 동영상 완료하기

1 편집이 완료된 동영상은 두 가지로 저장을 합니다. 편집 상태를 저장하여 언제든지 편집할 수 있는 '프로젝트' 저장과 완료된 동영상을 'mp4'로 저장합니다. 편집상태를 저장하기 위해 우측의 프로젝트 영역에서 **①**[프로젝트로 저장]을 클릭합니다.

2 [다른 이름으로 저장] 대화상자가 열리면 **①**저장될 폴더를 '바탕 화면'으로 선택하고 **②**'파일 이름'은 "여행"으로 입력한 후 **③**[저장]을 클릭합니다.

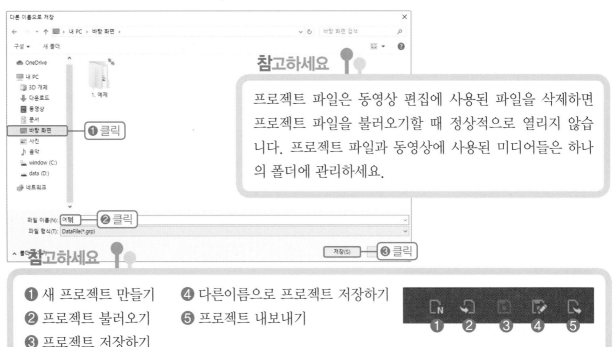

참고하세요

프로젝트 파일은 동영상 편집에 사용된 파일을 삭제하면 프로젝트 파일을 불러오기할 때 정상적으로 열리지 않습니다. 프로젝트 파일과 동영상에 사용된 미디어들은 하나의 폴더에 관리하세요.

참고하세요

① 새 프로젝트 만들기   **④** 다른이름으로 프로젝트 저장하기
② 프로젝트 불러오기   **⑤** 프로젝트 내보내기
③ 프로젝트 저장하기

③ 편집이 완료된 프로젝트를 동영상으로 저장하기 위해 파일이 저장될 폴더를 변경합니다. ❶[폴더 변경]을 클릭한 후 ❷'바탕 화면'을 선택하고 ❸[확인]을 클릭합니다.

④ 압축 형식은 일반 동영상과 고화질 동영상을 저장할 때 선택합니다. 일반 동영상으로 저장해 보기 위해 출력 형식을 변경하기 위해 ❶[출력 설정]을 클릭한 후 ❷'MPEG-4 Video'를 선택합니다. ❸'비트레이트'는 '10000'을 입력하고 ❹화면 크기는 '1920×1080'을 선택한 후 ❺[확인]을 클릭합니다.

참고하세요

• 유튜브에 업로드되는 동영상 크기는 '1920×1080'로 최적화되어 있습니다.

• 비트레이트는 Bit Per Second로 1초간의 영상/음성을 압축하는 단위이며 비트레이트가 높을수록 압축률은 떨어지지만 화질이 높고 용량도 커지며, 비트레이트가 낮으면 파일의 크기는 작지만 화질이 좋지 않습니다.

5 ❶[인코딩 시작]을 클릭한 후 [인코딩] 대화상자가 표시되면 ❷[파일 이름 설정]란에 "여행"을 입력한 후 ❸"인코딩 시작"을 클릭합니다.

6 동영상 인코딩이 완료되면 동영상을 재생합니다.

05 파워포인트에서 동영상으로 저장하기

① 파워포인트 파일을 열고 슬라이드 쇼 형태로 녹화하기 위해 ①[슬라이드 쇼]-[슬라이드 쇼 녹화]-②[처음부터 녹음 시작]을 클릭합니다. [슬라이드 쇼 녹화] 대화상자가 나타나면 ③옵션을 체크한 후 ④[녹화 시작]을 클릭합니다.

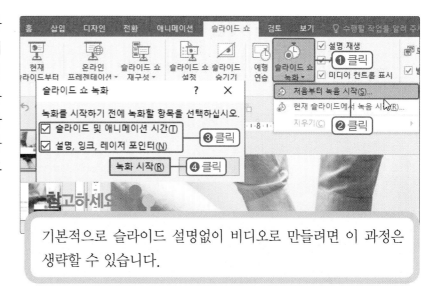

참고하세요

기본적으로 슬라이드 설명없이 비디오로 만들려면 이 과정은 생략할 수 있습니다.

② 슬라이드를 넘겨가며 설명한 후 슬라이드 쇼가 끝나면 [파일]의 ①[내보내기]에서 ②[비디오 만들기]를 클릭합니다. ③'기록한 시간 및 설명 사용'을 선택한 후 ④[비디오 만들기]를 클릭합니다.

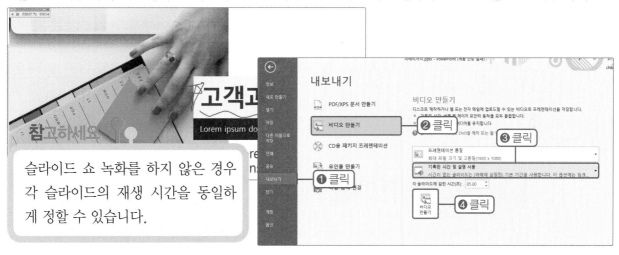

참고하세요

슬라이드 쇼 녹화를 하지 않은 경우 각 슬라이드의 재생 시간을 동일하게 정할 수 있습니다.

③ 저장폴더와 파일이름을 입력한 후 '저장'을 클릭합니다.

"혼자 풀어 보세요"

1 사진을 추가하고 사진의 순서를 '시장1 ~시장8' 순서로 배치하고, 각 사진의 재생 시간을 3초로 조절해 보세요.

2 '시장3' 클립에 '색상/채도/명도'의 수치를 높여주세요. '시장5' 클립은 '밝기/대비'를 조절하고 사진6은 '색상 필터'를 임의로 적용해 보세요.

3 오디오 'Firefly.mp3'을 삽입하고 전체 길이를 조절한 후 프로젝트 파일 '시장.grp'로 저장해 보세요.

4 동영상을 '출력 설정'에 맞춰 '시장.mp4'로 인코딩한 후 재생해 보세요.

조건 〈출력 설정〉

• 압축 방식 : MPEG-AVC/H.264 고화질 동영상에 적합(인코딩 속도 느림)

• 비트레이트 : 10000

• 화면크기 : 1920×1080(FHD)

동영상 자르기와 오버레이 효과

08

여러 동영상을 가져와 하나의 동영상으로 결합할 수 있으며 동영상에서 필요없는 부분을 잘라 내거나 동영상을 분할하여 영상 효과나 오버레이 클립 등을 적용할 수 있습니다.

➤➤ 동영상을 삽입하고 자르기하는 방법을 알아봅니다.

➤➤ 동영상에 효과를 적용하는 방법을 알아봅니다.

배울 내용 미리보기 ✚

▲ 완성 파일 : 고양이의 하루.mp4

01 동영상 자르기와 필터 효과 넣기

1 곰믹스에서 ①[미디어 소스] 탭의 ②[현재 프로젝트]의 ③[파일 추가]를 클릭한 후 [열기] 대화상 자가 열리면 ④ Ctrl 을 누른 채 다음과 같이 파일을 선택한 후 ⑤[열기]를 클릭합니다.

2 '하양이.jpg'와 '초롱이.jpg'를 타임라인의 '미디어 소스'에 드래그하여 추가한 후 ①'만복이. mp4'를 선택하고 Ctrl 을 누른 채 '복실이.mp4', '오레오.mp4', '행복이.mp4'를 선택하여 ②타 임라인의 '미디어 소스'에 드래그하여 추가합니다.

③ '사랑이.jpg'를 선택한 후 ❶ Ctrl 을 누른 채 '순복이.jpg'을 선택하여 ❷타임라인의 '미디어 소스'에 드래그하여 추가합니다.

④ '하양이.jpg'는 '2초'로 재생 시간을 조절하고 '초롱이.jpg'는 1초로 재생 시간을 조절합니다. '만복이.mp4'의 뒷부분 영상을 잘라내어 삭제하기 위해 ❶'만복이.mp4'를 선택한 후 ❷미리보기 창의 영상을 보면서 타임바를 이동합니다. 원하는 부분에 ❸타임바를 위치시킨 후 ❹[자르기]를 클릭합니다.

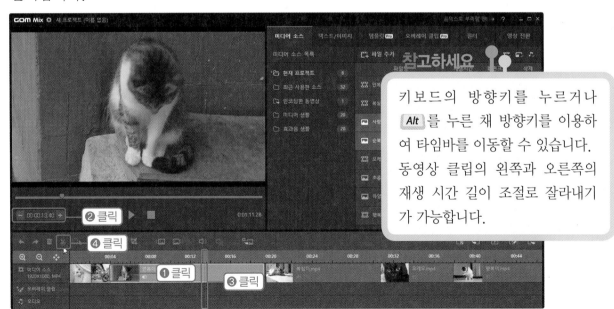

> **참고하세요**
>
> 키보드의 방향키를 누르거나 Alt 를 누른 채 방향키를 이용하여 타임바를 이동할 수 있습니다. 동영상 클립의 왼쪽과 오른쪽의 재생 시간 길이 조절로 잘라내기가 가능합니다.

5 ❶잘라진 뒷부분 영상을 선택한 후 ❷'삭제' 또는 Delete 를 눌러 삭제합니다.

6 잘라야할 시점을 알고 있다면 직접 시간을 입력해서 잘라내기를 할 수 있습니다. ❶'현재 재생 시간'의 '분' 부분을 클릭하면 빨간색으로 바뀝니다. 이때 '21'을 입력합니다. ❷'프레임'으로 이 동이 되면 '00'을 입력합니다. 지정된 시간에 타임바가 위치합니다.

7 ❶[자르기]를 클릭합니다. ❷잘라진 뒷 부분을 선택한 후 ❸'삭제' 또는 Delete 를 누릅니다. '프로 젝트 저장'을 클릭하여 '고양이의 하루'로 저장합니다.

> 짚고하세요
>
> 동영상 편집 화면인 프로젝트는 편집 초반부터 저장합니다. 또한 수시로 [저장]을 눌러 재 저장합
> 니다. 편집하는 도중 오류가 발생하는 경우 저장된 프로젝트 파일을 불러올 수 있습니다.

8 '행복이.mp4'를 선택한 후 ❶"40.14"를 입력합니다. ❷[자르기]를 클릭합니다. 하나의 동영상을 두 개로 나눕니다. '사랑이.jpg'와 '순복이.jpg'의 재생시간을 '1초'로 조절합니다.

9 영상에 필터 효과를 적용하기 위해 ❶'만복이.mp4'를 선택한 후 ❷[필터] 탭의 ❸색상형 필터의 [카메라/필름]을 선택한 후 ❹[적용]을 누릅니다. 다른 영상에도 [필터 효과]를 적용해 봅니다.

참고하세요

영역 선택으로 쉽게 자르기

① 동영상의 영역을 선택하여 자르기를 할 수 있습니다. 동영상을 선택한 후 [영역 선택하기]를 클릭합니다.

② 왼쪽 조절바와 오른쪽 조절바를 이용해 영역을 설정합니다.

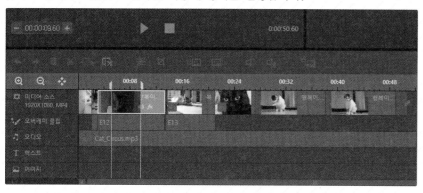

③ 메뉴의 [선택영역 제거/선택영역만 유지/분할]을 클릭합니다.

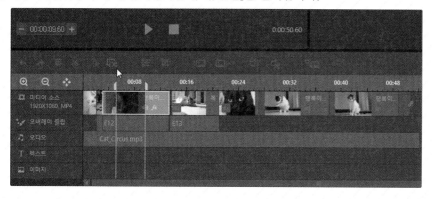

참고하세요

④ [선택 영역 제거]를 클릭하면 영역이 지정된 부분이 삭제됩니다.

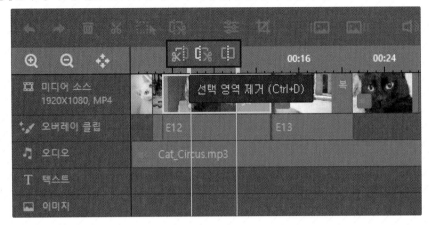

⑤ [선택 영역만 유지]를 클릭하면 선택 영역 이외의 부분이 삭제되고 선택 영역만 남게 됩니다.

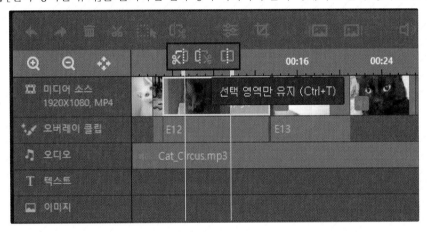

⑥ [분할]을 클릭하면 선택 영역을 기준으로 분할이 됩니다.

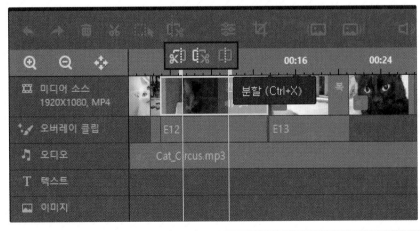

1 오버레이 클립은 사진이나 영상 위에 애니메이션 또는 특수 효과, 이동 효과 등을 적용할 수 있습니다. `Ctrl` 을 누르고 마우스 휠을 이용해 화면을 확대합니다. ❶'초롱이.jpg' 클립을 선택한 후 ❷[오버레이 클립] 탭의 ❸[파티클]에서 ❹[화려한 조명 01]을 선택한 후 ❺[적용]을 누릅니다.

2 '오버레이 클립'을 적용하면 타임라인의 클립이 ❶[오버레이 클립]에 추가가 됩니다. ❷추가된 '오버레이 클립'을 선택한 후 오른쪽 테두리를 드래그하여 재생 시간을 조절합니다.

③ ❶'복실이.mp4' 클립을 선택한 후 ❷[오버레이 클립] 탭의 ❸[이동 및 확대/축소]에서 ❹[오른쪽 클로즈업 → 전체 화면]을 선택합니다.

④ 오버레이 클립의 시작 화면과 종료 화면의 위치를 조절하기 위해 ❶미리보기 창의 파란 색 사각형을 오른쪽 하단으로 드래그하여 시작 위치를 변경한 후 ❷[적용]을 클릭합니다.

적용된 오버레이 클립을 삭제하려면 타임라인의 [오버레이 클립]에서 클립을 선택한 후 Delete 를 누릅니다.

⑤ 적용된 ❶오버레이 클립의 길이를 영상에 맞춰 조절합니다.

참고하세요

오베레이, 자막, 이미지 등을 추가하고 삭제할 때마다 순서에 의해 번호가 변경됩니다. 효과에는 아무런 지장을 주지 않습니다.

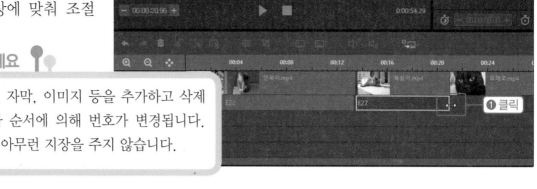

⑥ 영상과 영상, 사진과 영상을 전환할 때 '영상 전환 효과'를 사용할 수 있습니다. ❶첫 번째 '행복이' 클립을 선택한 후 ❷[영상 전환] 탭의 ❸[사라지기]를 선택하고 ❹[적용]을 클릭합니다.

⑦ ❶두 번째 '행복이' 클립을 선택한 후 ❷[영상 전환] 탭의 ❸[모자이크]를 선택하고 ❹[적용]을 클릭합니다.

참고하세요

'영상 전환' 효과를 적용하면 클립 앞에 고리모양의 효과가 적용된 것을 알 수 있습니다. 효과를 삭제하려면 효과를 선택한 후 *Delete* 를 누릅니다.

8 마지막으로 오디오를 추가합니다. ❶[미디어 소스] 탭의 ❷[현재 프로젝트]에서 ❸'Cat_Circus. mp3'를 ❹타임라인의 '오디오'에 드래그한 후 ❺영상의 끝과 맞추어 오디오의 재생 시간을 조절합니다.

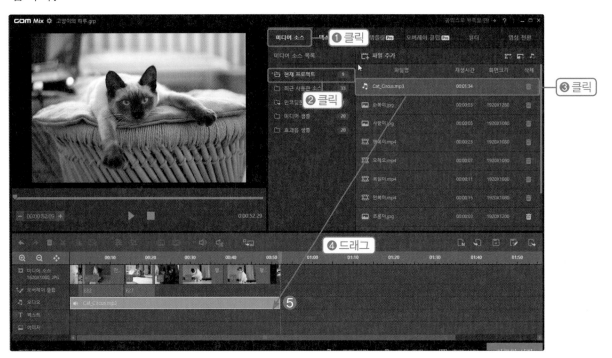

9 마지막 편집을 마치면 프로젝트 저장을 눌러 '재 저장'합니다. ❶[출력 설정]을 누른 후 ❷[압축 방식]과 ❸[화면 크기]를 화면과 같이 설정한 후 ❹[확인]을 누릅니다.

10 ❶[인코딩 시작]을 클릭한 후 ❷저장 경로를 설정하고 ❸파일 이름은 "고양이의 하루"로 입력한 후 ❹[인코딩 시작]을 클릭합니다.

11 인코딩이 완료되면 동영상을 재생해 봅니다.

참고하세요

무료 폰트 사용하기

❶ 상상토끼 폰틀리에

'https://sangsangfont.com'에 접속합니다. 회원가입을 해야 사용할 수 있습니다. '폰트'의 '무료 FREE'에서 사용할 수 있습니다.

❷ 우아한형제들(https://www.woowahan.com/)과 네이버 글꼴

 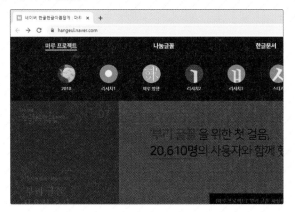

❸ 네이버 한글한글 아름답게 캠페인(hangeul.naver.com)의 손글씨

"혼자 풀어 보세요"

1 '키보드.mp4', '하늘.mp4', '걸음걸이.mp4', '나무.mp4', '산책.jpg' 순서대로 타임라인에 추가하고 임의로 길이를 조절하세요. '하늘.mp4' 클립에 오버레이 클립의 '왼쪽 클로즈업 → 전체 화면'을 적용하고 시작점 화면을 왼쪽 하단으로 이동하세요. 타임라인의 시작점과 끝점을 이용하여 적용 영역을 조절하세요.

2 각 클립에 영상 전환 효과를 적용해 보고 '휴식.grp' 프로젝트 파일을 저장하고 바탕 화면에 '휴식.mp4'로 인코딩을 완료하고 재생해 봅니다.

조건 〈조건〉

'하늘.mp4' : 오버레이 클립의 '오른쪽 클로즈업 → 전체 화면'

'걸음걸이.mp4' : 십자형 나누기 영상 전환

'나무.mp4' : 사라지기 영상 전환 　/ '산책.jpg' : 문 열기 영상 전환

09 자막 넣기와 자막 애니메이션

동영상이나 사진 클립에 자막을 삽입하여 동영상의 이해를 돕거나 애니메이션을 적용하여 움직이는 자막을 만들 수 있습니다.

➤➤ 자막을 삽입하는 방법을 알아봅니다.
➤➤ 자막바를 만들고 추가하는 방법을 알아봅니다.
➤➤ 애니메이션을 적용하는 방법을 알아봅니다.

배울 내용 미리보기 ➕

▲ 완성 파일 : 고양이의 하루.mp4, 실습 파일 : 고양이의 하루.grp

▲ 파일명 : 2018년도 달력.xlsx

자막 삽입과 자막 애니메이션 적용하기

① 곰믹스를 실행하고 ①[프로젝트 불러오기]를 클릭하여 8차시에서 저장한 '고양이의 하루.grp'를 엽니다. ②'만복이'클립을 선택한 후 ③[텍스트/이미지] 탭에서 ④[텍스트 추가]를 클릭합니다.

② 텍스트 입력란에 ①다음과 같이 입력하면 ②미리 보기 창에 표시됩니다.

③ ❶'폰트 종류'는 '휴먼매직체'를 선택하고 '폰트 크기'는 '88pt'로 설정합니다. ❷'텍스트 색'의 목록 버튼을 클릭한 후 ❸'흰색'을 선택합니다.

④ 텍스트 배경 색을 적용하기 위해 ❶'텍스트 배경 색'의 목록 버튼을 클릭한 후 ❷'검정'을 선택합니다.

5 '텍스트 색'과 '텍스트 배경 색'은 투명도를 설정할 수 있습니다. '텍스트 배경 색'의 '투명도'를 설정하기 위해 ❶'텍스트 배경 색'의 목록 버튼을 누른 후 ❷'투명도'에서 ❸'50%'를 선택합니다.

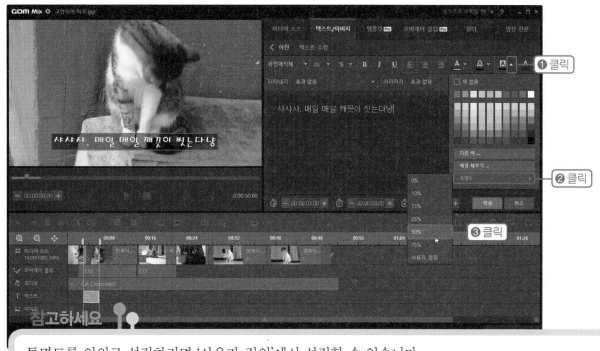

참고하세요

투명도를 임의로 설정하려면 '사용자 정의'에서 설정할 수 있습니다.

6 자막바를 이용하지 않고 텍스트 배경이 가로 전체에 표시되게 하려면 앞뒤에 〔Space Bar〕를 눌러 공백을 만들어 줍니다.

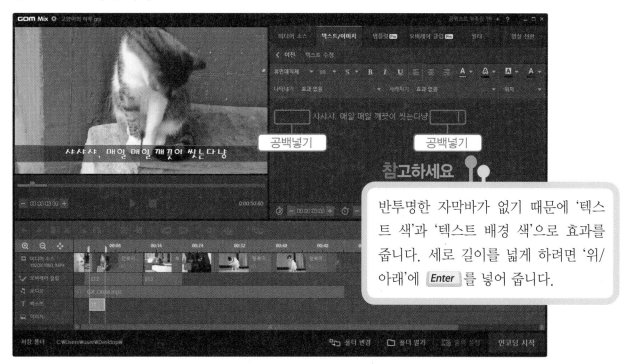

참고하세요

반투명한 자막바가 없기 때문에 '텍스트 색'과 '텍스트 배경 색'으로 효과를 줍니다. 세로 길이를 넓게 하려면 '위/아래'에 〔Enter〕를 넣어 줍니다.

7 자막 애니메이션을 적용하기 위해 ❶[나타내기]의 목록 버튼을 클릭한 후 ❷[왼쪽에서 나타나기]를 선택합니다.

8 끝내기 애니메이션을 적용하기 위해 ❶[사라지기]의 목록 버튼을 클릭합니다. ❷[오른쪽으로 사라지기]를 클릭한 후 ❸[적용]을 클릭합니다.

9 자막의 위치는 '텍스트 편집 창'의 '위치'에서 설정하거나 원하는 곳으로 드래그하여 위치를 바꿀 수 있습니다. ❶자막 테두리에 마우스를 올려 놓고 사방십자가(✛) 상태가 되면 드래그하여 이동합니다.

10 자막을 삽입하면 타임라인의 ❶[텍스트] 패널이 생성이 됩니다. 자막의 시작 위치와 재생 시간을 조절할 수 있습니다. ❷타임라인의 자막을 드래그하여 자막이 표시될 위치를 조절하고 자막 테두리의 좌우를 드래그하여 재생 시간을 조절할 수 있습니다.

1 **❶**'복실이' 클립을 선택한 후 **❷**[텍스트/이미지] 탭에서 [텍스트 추가]를 클릭한 후 "따뜻한 햇빛이 좋아!"를 입력한 후 **❸**'휴먼매직체', '96pt'을 설정하고 '나타내기 : 왼쪽에서 나타나기', '사라지기 : 오른쪽으로 사라지기'를 설정합니다.

2 텍스트의 **❶**'햇빛' 텍스트만 블록 지정한 후 **❷**폰트 크기는 '128pt'로 설정한 후 **❸**'텍스트 스타일'의 목록 버튼을 클릭한 후 **❹**스타일을 선택하고 **❺**[적용]을 클릭하여 완성합니다.

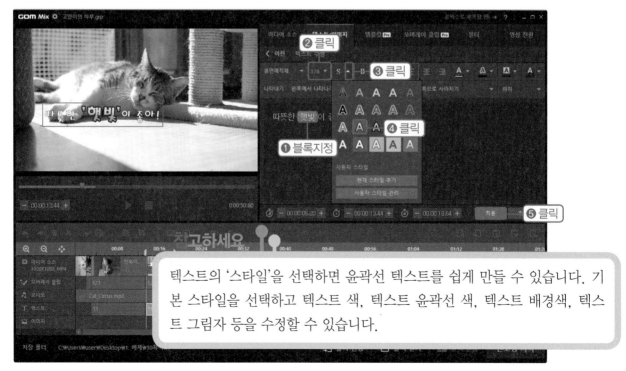

텍스트의 '스타일'을 선택하면 윤곽선 텍스트를 쉽게 만들 수 있습니다. 기본 스타일을 선택하고 텍스트 색, 텍스트 윤곽선 색, 텍스트 배경색, 텍스트 그림자 등을 수정할 수 있습니다.

3 같은 형식의 자막은 복사하여 수정합니다. ❶'T2' 텍스트의 ❷[복사] 버튼을 클릭합니다.

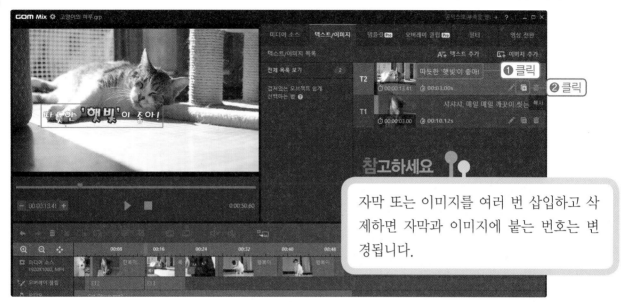

참고하세요

자막 또는 이미지를 여러 번 삽입하고 삭제하면 자막과 이미지에 붙는 번호는 변경됩니다.

4 ❶복사된 'T3' 자막의 연필 모양의 [텍스트 수정]을 클릭합니다.

5 ❶복사된 자막을 아래로 드래그하여 위치를 조절합니다. ❷"졸립다옹! 깨우지 마옹!"으로 수정하고 '졸립'과 '깨우지' 부분은 '폰트 크기'와 '스타일'을 수정한 후 ❸[적용]을 클릭합니다.

6 ❶미리 보기 창에서 두 개의 자막을 드래그하여 배치합니다. ❷타임라인에서 '확대' 또는
`Ctrl` 을 누르고 마우스 휠을 드래그하여 패널을 확대합니다.

7 타임라인에서 ❶'T2' 자막은 '복실이' 클립의 처음부터 중간까지 길이를 조절합니다.

8 ❶'T3' 자막은 'T2' 자막의 '1/2' 지점부터 시작하여 '복실이' 클립의 마지막까지 길이를 조절하여
겹쳐지게 배치합니다. 두 개의 자막이 일정 부분은 겹쳐져 하나씩 표시되다가 하나씩 사라지는
효과입니다. 여러 개의 자막을 삽입하고 하나씩 사라지게 하는 효과를 줄 수 있습니다.

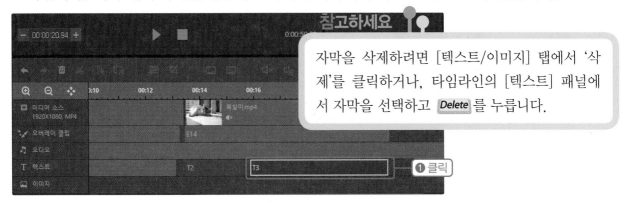

참고하세요

자막을 삭제하려면 [텍스트/이미지] 탭에서 '삭
제'를 클릭하거나, 타임라인의 [텍스트] 패널에
서 자막을 선택하고 `Delete` 를 누릅니다.

03 동영상에 이미지 추가하기

1 동영상에 스티커나 자막바 또는 외부 이미지를 추가할 수 있습니다. ❶'오레오' 클립을 선택한 후 ❷[텍스트/이미지] 탭의 ❸[이미지 추가]를 클릭합니다.

2 ❶[기본 이미지]의 ❷'심쿵'을 선택한 후 ❸[적용]을 클릭합니다.

3 추가된 이미지를 왼쪽 하단으로 드래그하여 위치를 변경하고 흰색 사각형 조절점을 드래그하여 크기를 조절합니다. ❶이미지 상단의 회전 조절점을 드래그하여 회전합니다.

④ '심쿵' 이미지를 복사한 후 복사된 이미지를 오른쪽으로 드래그하여 배치합니다.

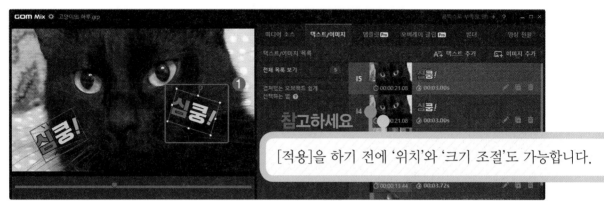

[적용]을 하기 전에 '위치'와 '크기 조절'도 가능합니다.

⑤ 애니메이션 이미지를 추가할 수 있습니다. ❶'행복이' 영상이 시작되는 지점에 타임바를 위치한 후 ❷[텍스트/이미지] 탭의 ❸[이미지 추가]를 클릭합니다. ❹[애니메이션 이미지]의 ❺[자막 배경 10]을 선택한 후 ❻[적용]을 클릭합니다.

⑥ 외부 이미지를 추가할 수 있습니다. ❶[텍스트/이미지] 탭의 [이미지 추가]를 클릭합니다.

외부 이미지를 이용해 로고 등을 삽입할 수 있습니다.

⑦ ❶[새 이미지 추가]를 클릭합니다. ❷[열기] 대화상자에서 '고양이2.png'를 선택한 후 ❸[열기]를 클릭합니다.

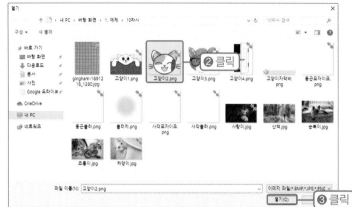

⑧ ❶추가된 이미지를 위치와 크기를 변경하고 ❷[적용]을 클릭합니다.

⑨ 자막바 위에 텍스트를 넣기 위해 ❶[텍스트/이미지] 탭의 ❷[텍스트 추가]를 클릭하여 텍스트를 입력합니다. ❸텍스트를 입력한 후 '글꼴, 글꼴 크기, 텍스트 색' 등을 다음과 같이 설정한 후 ❹[적용]을 클릭합니다. ❺자막바 위에 추가된 텍스트를 배치합니다. ❻자막의 길이를 자막바의 길이에 맞춰 조절합니다.

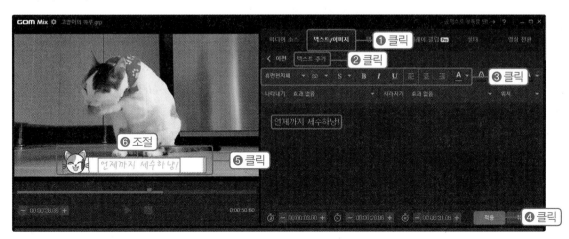

04 파워포인트로 자막바 만들기

1 동영상에 사용될 자막바, 로고 등을 파워포인트를 이용해 제작할 수 있습니다. 파워포인트를 실행합니다. ①[홈] 탭의 ②[슬라이드] 그룹에서 '레이아웃'을 클릭하여 ③'빈 화면'을 선택하여 변경합니다.

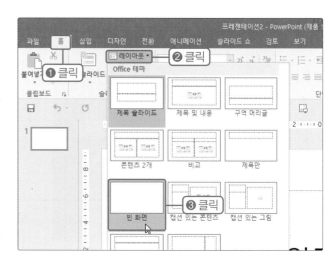

2 도형을 삽입하기 위해 ①[홈] 탭의 ②[그리기] 그룹에서 도형의 목록 버튼을 클릭한 후 ③'사각형'에서 '모서리가 둥근 직사각형'을 클릭합니다.

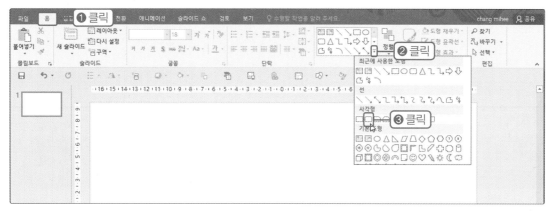

3 슬라이드에 드래그하여 도형을 그린 후 ①왼쪽 상단의 노란둥근 조절점을 오른쪽으로 드래그하여 사각형을 둥근 모서리로 변경한 후 ②오른쪽 상단의 [그리기 도구]-[서식] 탭의 ③[크기] 그룹에서 '너비 : 32cm, 높이 : 4cm'로 길이를 조절합니다.

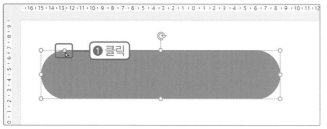

④ 도형에 투명도와 색상을 한꺼번에 적용하기 위해 ❶[홈] 탭의 ❷[그리기] 그룹에서 '빠른 스타일'에서 ❸'미리 설정-반투명, 파랑, 강조1, 윤곽선 없음'을 클릭합니다. 불투명하게 사용하고 싶다면 도형 채우기 색만 변경합니다.

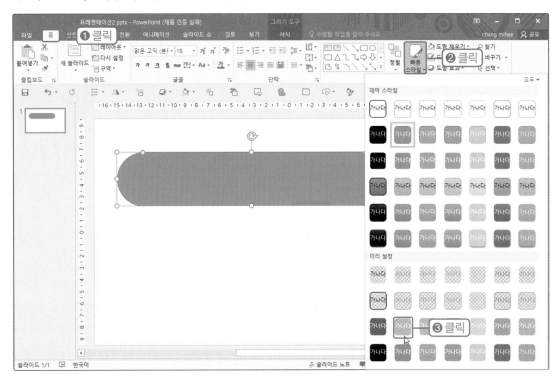

⑤ [홈] 탭의 ❶[그리기] 그룹에서 [도형 채우기]에서 ❷임의의 '색'을 클릭합니다.

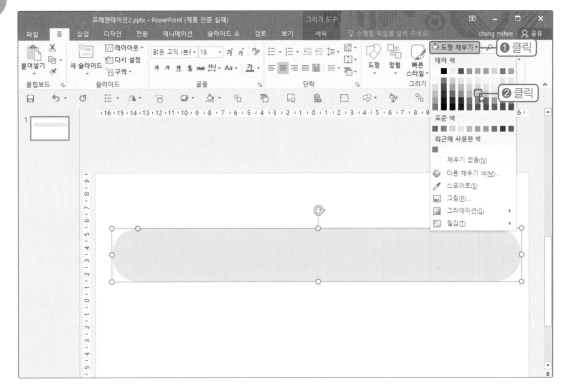

6 그림을 불러오기 위해 ❶[삽입] 탭의 [이미지] 그룹에서 [그림]을 클릭합니다. [그림 삽입] 대화
상자가 열리면 ❷'하양이.jpg'를 선택한 후 ❸[삽입]을 클릭합니다.

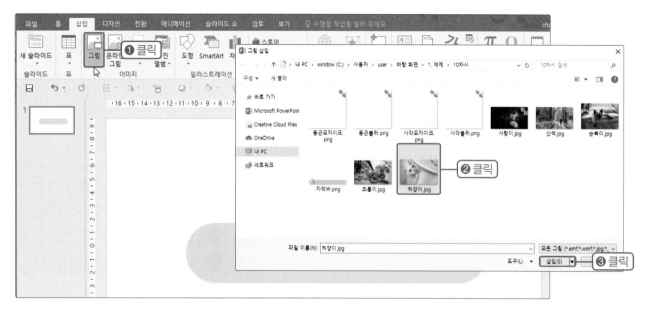

7 그림이 삽입되면 그림을 선택한
후 ❶[그림 도구]-[서식] 탭의
❷[크기] 그룹에서 [자르기]를
클릭합니다. ❸조절점에 마우스
를 올려놓고 크기를 조절한 후
빈 바탕을 클릭하여 해제합니
다.

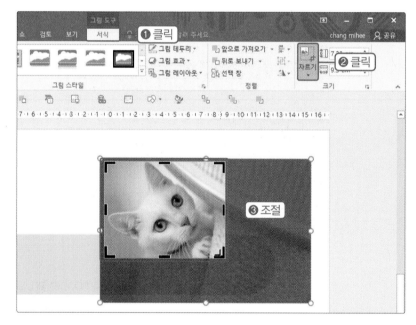

8 ❶그림을 원형으로 만들기 위해
그림을 선택한 후 [그림 도
구]-[서식] 탭의 ❷[크기] 그룹
에서 [자르기]의 목록 버튼을
누른 후 ❸'도형에 맞춰 자르기'
에서 ❹'타원'을 선택합니다.

9 그림에 입체 효과를 적용하기 위해 ❶[그림 도구]-[서식] 탭의 [그림 스타일] 그룹에서 '그림 효과'의 ❷[입체 효과]를 클릭한 후 ❸'입체 효과-둥글게' 효과를 적용합니다. 크기와 모양을 조절하고 긴 도형 위에 그림처럼 배치합니다.

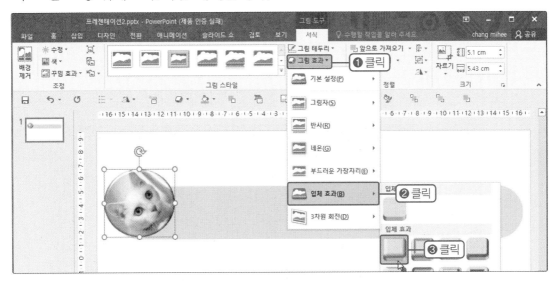

10 ❶도형을 선택하고 Ctrl 을 누른 채 고양이 그림을 선택한 후 ❷마우스 오른쪽 버튼을 눌러 '그룹화-그룹'을 클릭합니다.

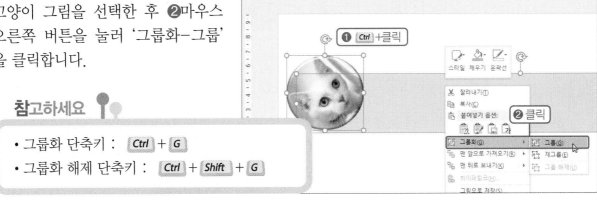

참고하세요

- 그룹화 단축키 : Ctrl + G
- 그룹화 해제 단축키 : Ctrl + Shift + G

11 그림으로 저장하기 위해 ❶마우스 오른쪽 버튼을 눌러 [그림으로 저장]을 클릭하고 ❷[그림으로 저장] 대화상자가 열리면 미디어 소스 파일이 있는 폴더를 선택하고 '파일 이름'은 "고양이자막바"로 입력합니다. 확장자는 'png'로 설정한 후 ❸[저장]을 클릭합니다.

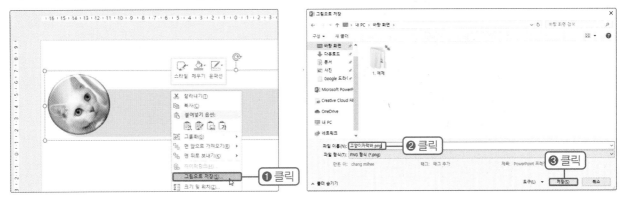

05 외부 이미지 적용하기

1 ❶자막바를 추가할 클립을 선택한 후 클립이 시작되는 위치에 타임바를 조절합니다. ❷[텍스트/
이미지] 탭의 ❸[이미지 추가]를 클릭합니다.

2 ❶[새 이미지 추가]를 클릭한 후 ❷[열기] 대화상자가 열리면 '고양이자막바.jpg'를 선택한 후 ❸
[열기]를 클릭합니다.

3 ❶추가된 자막바의 위치와 크기를 조절점을 이용해 조절한 후 ❷[적용]을 클릭합니다.

4 [텍스트/이미지] 탭의 [텍스트 추가]를 클릭한 후 ❶다음과 같이 입력하고 글꼴과 크기 등을 임의로 설정합니다. ❷텍스트의 위치를 자막바 위로 배치하고 ❸[적용]을 클릭합니다.

> 고양이 얼굴에 '볼터치' 외부 이미지도 삽입해 보세요.

5 타임라인에서 자막바와 자막의 길이를 조절합니다. '고양이의 하루.mp4'로 인코딩하고 재생해 봅니다. '로고.png'도 오른쪽 상단에 삽입해 봅니다.

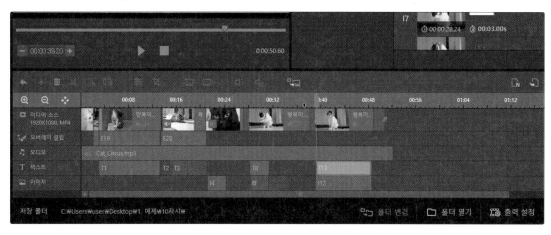

"혼자 풀어 보세요"

1 '키보드.mp4', '나무.mp4', '산책.mp4', '산책.jpg' 순으로 미디어를 추가하세요. 첫 번째 '키보드.mp4' 동영상 클립에 다음과 같이 자막을 추가하고 첫 번째 클립 전체에 재생하세요.

조건 휴먼모음T, 88pt, 텍스트 배경 색 지정

나타내기 : 서서히 나타나기 사라지기 : 없음,

자막 재생 : 첫 번째 텍스트가 나오고 두 번째 텍스트 나타내기

2 두 번째 '하늘.mp4' 클립에 다음과 같이 자막을 추가하고, 두 번째 클립 전체에 재생하세요. '휴식.grp'로 프로젝트를 저장하세요.

조건 휴먼둥근헤드라인, 88pt, 텍스트 색: 흰색, 투명도 : 25%, 텍스트 윤곽선 색 : 색 없음

나타내기 : 오른쪽에서 나타나기 / 사라지기 : 왼쪽으로 사라지기

3

세 번째 '산책.mp4' 클립에 다음과 같이 자막을 추가하고, 세 번째 클립 전체에 재생하세요. 프로젝트 파일을 재 저장하세요.

> **조건** 애니메이션 이미지 : 충격 01, 새 이미지 추가 : 둥근모자이크.png
>
> 텍스트 색 : 텍스트 채우기 – 그라데이션 채우기(시작색, 끝색, 유형선택)

 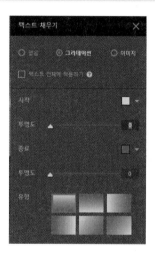

4

네 번째 '나무.mp4' 클립에 다음과 같이 자막을 추가하고, 세 번째 클립 전체에 재생하세요. '휴식.mp4'로 인코딩하세요.

> **조건** 텍스트 1 : 텍스트 배경 색 채우기 – 검정
>
> 텍스트 2 : 텍스트 스타일 적용

배경 삽입과 페이드 인/아웃 설정하기

동영상의 오프닝/클로징, 중간 배경, 범퍼 영상, 소개글 또는 목차로 활용할 수 있습니다. 또한 동영상이 시작하거나 끝날 때 자연스럽게 시작하고 끝나는 페이드 인/아웃 설정을 할 수 있습니다.

➡➡ 배경을 삽입하는 방법을 알아봅니다.
➡➡ 페이드 인/아웃 설정 방법을 알아봅니다.

배울 내용 미리보기 ➕

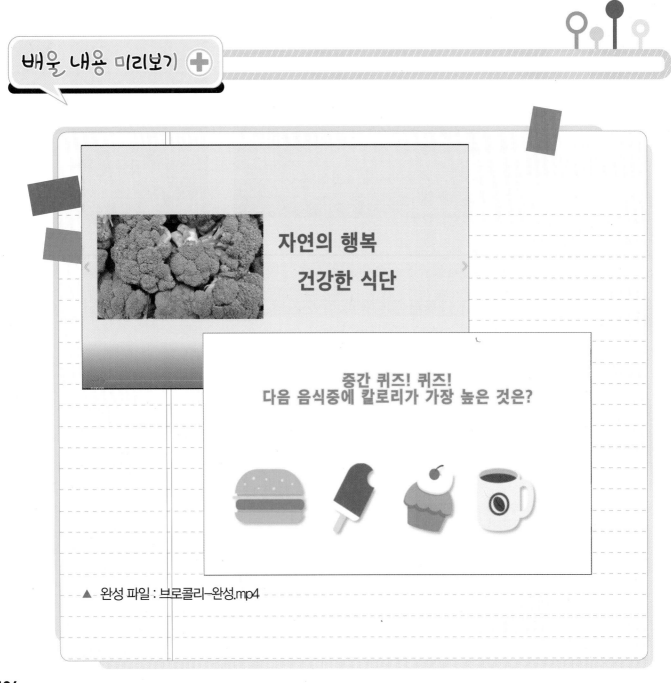

▲ 완성 파일 : 브로콜리-완성.mp4

1 곰믹스를 실행하고 ❶[미디어 소스] 탭에서 ❷[파일 추가]를 클릭한 후 '브로콜리.jpg', '썰기.mp4', '불조절.mp4', '물끓이기.mp4', '데치기.mp4' 파일을 추가한 후 ❸타임라인으로 드래그합니다. ❹[프로젝트 저장]을 클릭하여 '브로콜리.grp'로 저장합니다.

2 클립을 잘라내고 위치를 변경하기 위해 ❶타임라인을 확대하고 ❷'물끓이기' 클립을 선택한 후 ❸[영역 선택하기]를 클릭합니다.

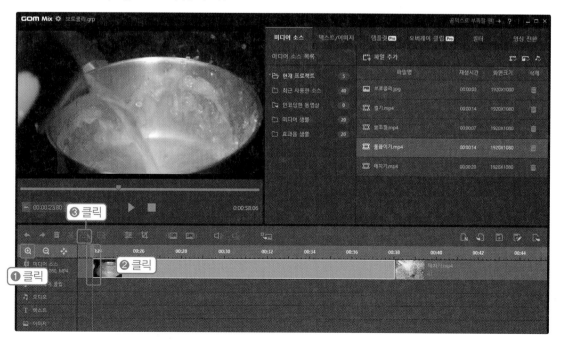

③ ❶'물끓이기' 클립의 시작점 조절 막대를 ❷시간을 맞춰 조절하고 ❸끝점 조절 막대도 ❹시간에 맞춰 드래그하여 조절합니다.

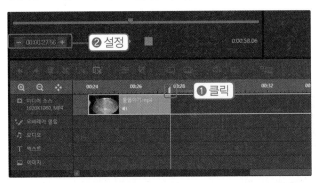 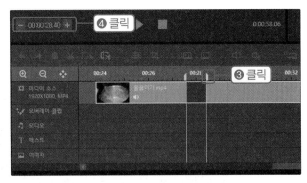

④ ❶[선택영역 제거/선택 영역만 유지/분할] 버튼을 클릭한 후 ❷[선택 영역 제거]를 클릭합니다. ❸잘라진 오른쪽 클립을 '데치기' 클립 뒤로 드래그하여 이동합니다.

⑤ ❶'데치기' 클립을 선택하여 앞부분 영상을 3초만 남기고 나머지는 영역을 설정합니다. ❷[선택 영역 제거/선택 영역만 유지/분할] 버튼을 클릭한 후 ❸[선택 영역 제거]를 선택합니다.

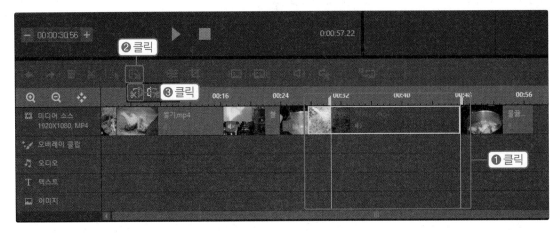

6 첫 번째 클립 앞에 타임바를 위치한 후 ❶[미디어 소스] 탭의 ❷[미디어 샘플]을 클릭한 후 ❸'밝은 하늘색' 배경 이미지 샘플을 더블클릭합니다.

7 배경 이미지는 선택한 클립 오른쪽에 추가됩니다. 추가된 배경이미지를 맨 앞으로 드래그하여 이동합니다.

⑧ ❶배경 이미지 클립을 선택한 후 ❷[텍스트/이미지] 탭에서 ❸[텍스트 추가]와 [이미지 추가–새 이미지 추가]를 클릭하여 다음과 같이 배치합니다.

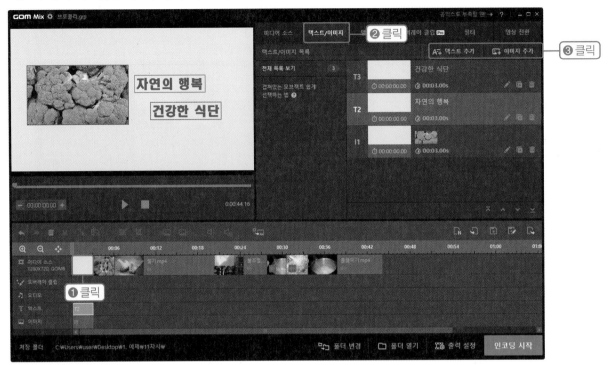

⑨ ❶첫 번째 '물끓이기' 클립을 선택하고 ❷[미디어 소스] 탭의 ❸[미디어 샘플]을 클릭한 후 ❹'흰색' 배경 이미지 샘플을 더블클릭합니다.

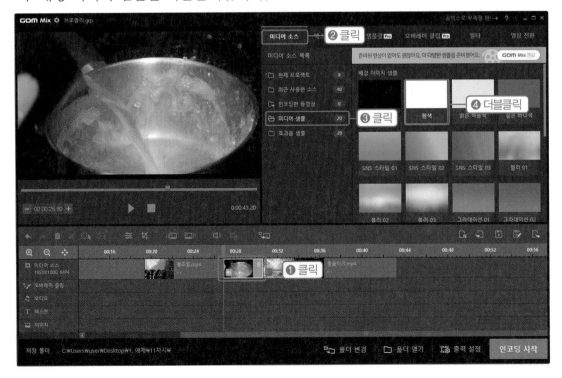

10 ❶배경 이미지를 선택한 후 ❷[텍스트/이미지] 탭에서 ❸다음과 같이 텍스트를 추가하고 [적용]을 클릭합니다.

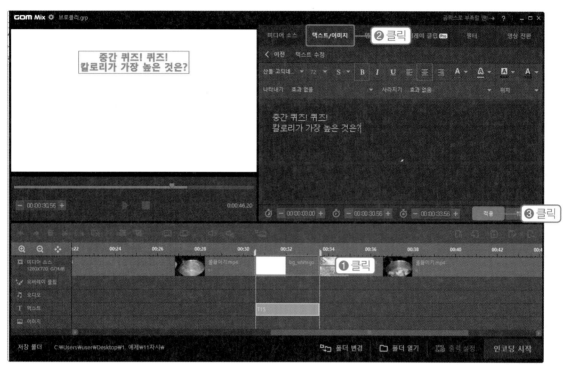

11 타임라인을 확대하고 ❶[텍스트/이미지] 탭에서 ❷[이미지 추가]를 하고 ❸이미지들이 순서대로 표시되도록 타임라인에서 각 이미지들의 재생 시간을 조절합니다.

> 이미지 목록에서 이미지를 클릭하면 재생 시간이 표시됩니다. 왼쪽 테두리를 우측으로 조절하여 재생 시간을 조절합니다.

129

02 동영상 페이드 인/아웃 설정하기

1 동영상을 서서히 재생하기 위해 **①**첫 번째 '썰기' 클립을 선택한 후 **②**[영상 페이드 인]을 클릭합니다.

2 영상을 서서히 끝내기 위해 **③**[영상 페이드 아웃]을 클릭합니다. 사진과 다른 영상도 모두 '영상 페이드 인/영상 페이드 아웃'을 적용합니다.

> 적용을 해제하려면 '페이드 인/페이드 아웃'을 다시 클릭합니다.

③ '영상 페이드 인/아웃'이 적용된 영상은 왼쪽 상단과 오른쪽 하단에 파란색 삼각형으로 표시됩니다. '썰기' 클립에 다음과 같이 자막을 추가하고 재생 시간을 조절합니다.

④ '불조절' 클립은 "불을 켜고 냄비를 올리세요."를 입력하여 자막을 추가하고, '물끓이기' 클립은 '뜨거운 물을 부어 물을 팔팔 끓이세요.'를 입력, '데치기' 클립은 '끓는 물에 3분'를 입력, 마지막 클립은 '브로콜리를 건져 식히세요.'를 입력하여 추가합니다.

"혼자 풀어 보세요"

1 '바게트1.jpg', '반죽.mp4', '쿠키.mp4', '튀김.mp4' 파일 순으로 배치하세요. '바게트1.jpg'에 다음과 같이 필터를 적용하세요.

조건 색상형 : 카메라/필름

텍스처/비네팅 : 검정 사각 비네팅 / 텍스처/비네팅 투명도 : 6

2 텍스트 자막과 이미지를 추가하세요. '빵.grp'로 프로젝트 파일을 저장하세요.

조건 자막 추가 : 산돌똥강아지M, 88pt, 텍스트 색 : 보라색, 텍스트 윤곽선 색 : 흰색 , 윤곽선 테두리 두께 : 30%

이미지 추가 : 애니메이션 이미지 - 주목 01

3 '바게트' 클립 앞과 '반죽.mp4' 클립 뒤에 '미디어 샘플 – 검정색'을 삽입하세요. 프로젝트 파일을 재 저장하세요.

> 조건   첫 번째 배경 이미지 : 애니메이션 이미지 – 데코레이션 02, 텍스트 추가
>
> 두 번째 배경 이미지 : 애니메이션 이미지 – 반짝 01, 텍스트 추가

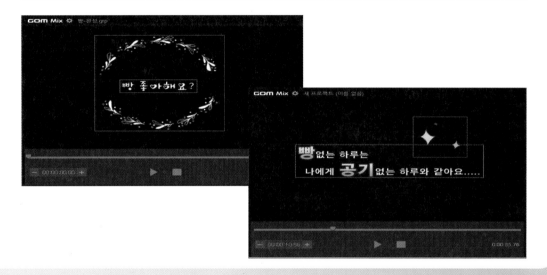

4 모든 사진과 영상에 '페이드 인/페이드 아웃' 효과를 적용하세요. 다음과 같이 영상에 자막을 추가하고 오디오 파일 'Winds_of_Spring.mp3'을 추가하세요. '빵.mp4'로 동영상을 저장하세요.

> 조건   '반죽.mp4' : 온 힘을 다해 밀어어어어!
>
> '쿠기.mp4' : 계란물을 브러쉬를 이용해 발라요. / 기다려지는 시간!

11 비디오 조정과 오디오 편집하기

동영상을 촬영하다 보면 의도치 않게 회전되어 촬영한 경우 상하좌우 반전기능과 90도/180도/270도 회전 기능을 활용할 수 있습니다. 또한 여러 오디오 파일을 추가할 수 있으며 극적 효과를 주기 위해 구간별 편집도 가능합니다.

➤➤ 동영상을 반전과 회전하는 방법을 알아봅니다.
➤➤ 오디오 편집 방법을 알아봅니다.

배울 내용 미리보기 ➕

▲ 완성 파일 : 여행.mp4

01 비디오 조정과 동영상 음량 조절하기

1 곰믹스를 실행하고 ❶[미디어 소스] 탭에서 ❷[파일 추가]를 클릭한 후 '아르바트거리.mp4', '종소리.mp4', '모스크바.mp4' 순으로 추가하고 ❸프로젝트 파일명 '여행.grp'로 저장합니다.

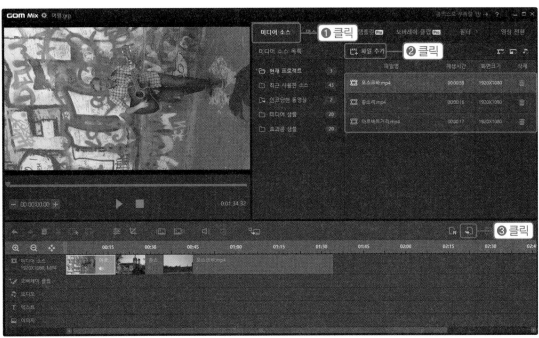

2 ❶'아르바트거리.mp4' 클립을 선택한 후 ❷[비디오 조정(반전/회전/배속)]을 클릭합니다.

③ ❶[비디오 조정] 대화상자에서 [회전(시계 방향)]의 '90도'에 체크한 후 ❷[적용]을 클릭합니다.
'비디오 조정'은 '상하좌우', '반전'과 '회전', '배속'을 설정할 수 있습니다.

> 회전(시계 방향)의 사용자 정의와 배속은 곰믹스 프로버전에서 사용할 수 있습니다.

④ 비디오를 회전하면 좌우측에 검정 여백이 생깁니다. 여백에 텍스트, 이미지, 애니메이션 이미지를 추가하여 꾸밀 수 있습니다. ❶[텍스트/이미지] 탭의 ❷[이미지 추가]의 [새 이미지 추가]에서 ❸'빅토르최.jpg'이미지를 추가하고, 왼쪽 하단으로 드래그하여 크기와 위치를 조절합니다. ❹타임라인의 '이미지' 패널에서 재생 시간을 동영상 클립에 맞게 조절합니다.

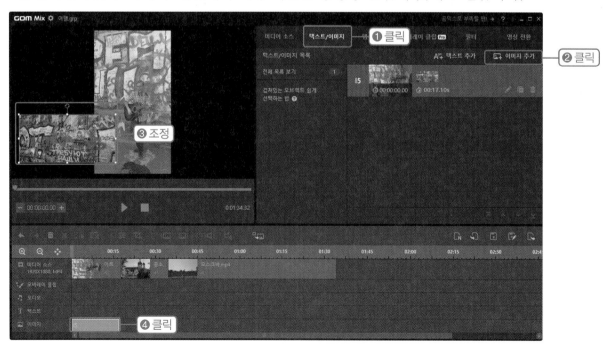

5 '애니메이션 이미지'를 추가하기 위해 ❶[텍스트/이미지] 탭의 ❷[이미지 추가]의 '애니메이션 이미지'에서 ❸'음표 01'을 추가하고, ❹타임라인의 '이미지' 패널에서 재생 시간을 동영상 클립에 맞게 조절합니다.

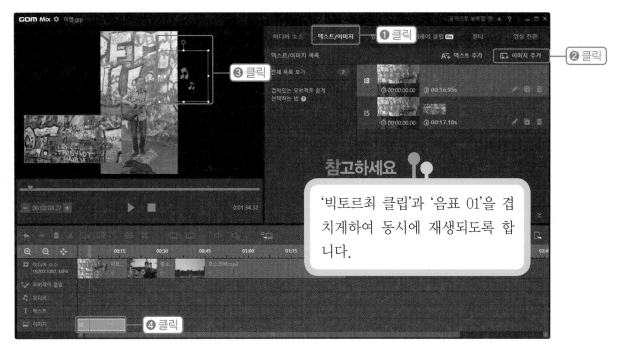

참고하세요

'빅토르최 클립'과 '음표 01'을 겹치게하여 동시에 재생되도록 합니다.

6 동영상의 음량을 조절할 수 있습니다. ❶'종소리.mp4' 클립을 선택한 후 ❷'음량 조절'을 클릭합니다. ❸슬라이더 막대를 드래그하여 음량을 줄입니다.

참고하세요

클립에 있는 스피커를 클릭하면 '음소거'가 되며 '음소거'를 다시 누르면 '음소거 해제'가 됩니다.

02 오디오 페이드 인/아웃 설정하기

1 오디오 파일을 추가하기 위해 ❶[미디어 소스] 탭의 [파일 추가]에서 'Eternal_Structures. mp3'와 'First_Love.mp3'을 추가한 후 ❷'종소리' 클립에는 'Eternal_Structures.mp3'을 클립 길이에 맞춰 재생 시간을 조절하고 '모스크바'클립에는 'First_Love.mp3'을 재생 시간은 조절 하지 않고 추가합니다.

2 ❶첫 번째 오디오 클립을 선택하고 ❷'선택된 오디오 편집'을 클릭한 후 ❸'편집'을 선택합니 다.

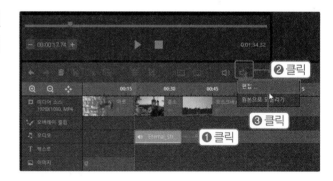

3 선택한 오디오 편집창이 열립니다.

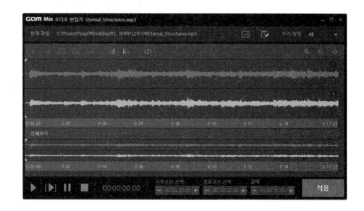

4 첫 번째 오디오 클립은 타임라인에서 재생 길이를 줄인 상태이기 때문에 전체 영역에 '페이드 인/페이드 아웃' 설정을 하겠습니다. 메뉴 줄의 ❶[페이드 인]을 클릭합니다.

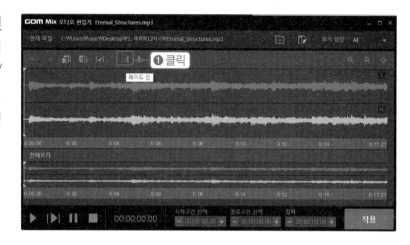

5 [페이드 인] 대화상자가 열리면 ❶[일부 영역에 적용]을 선택합니다. 시작 지점과 끝 지점을 조절할 수 있습니다. ❷상단 조절점을 좌우로 드래그하여 '음량'을 조절할 수 있습니다. ❸[적용]을 클릭합니다.

참고하세요 ❘•

'일부 영역에 적용'은 원하는 만큼 '페이드 인/아웃' 재생 시간을 조절할 수 있습니다.

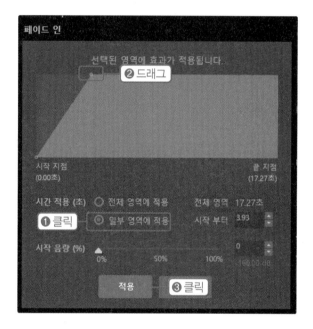

6 [오디오 편집기] 대화상자에서 돌아 오면 ❶음량이 변경된 것을 볼 수 있습니다. ❷'재생' 또는 `Space Bar`를 눌러 재생해 봅니다.

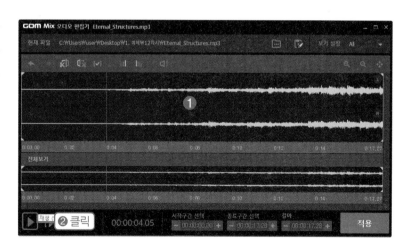

7 오디오 클립의 끝 부분을 점점 작 아지며 끝내기 위해 ❶'페이드 아 웃'을 클릭합니다.

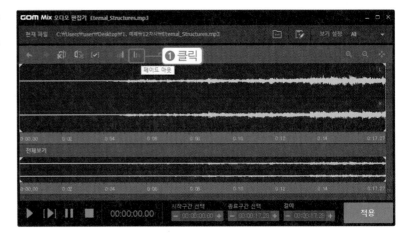

8 [페이드 아웃] 대화상자에서 ❷선택 영역의 크기 를 넓혀줍니다. ❸[적용]을 클릭합니다.

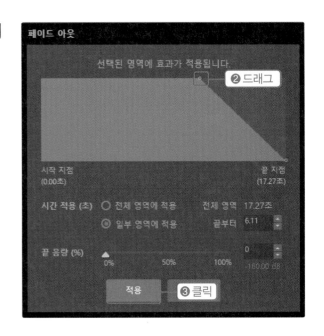

6 ❶끝 부분의 음량이 조절되었습 니다. ❷'재생' 또는 Space Bar 를 눌러 오디오를 실행해 봅니다. ❸ [적용]을 클릭합니다.

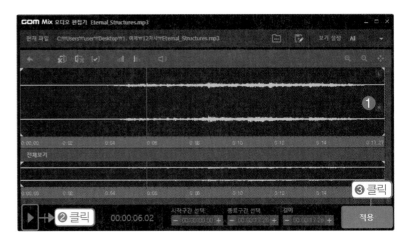

03 오디오 선택 구간 편집하기

1 ❶오디오 선택 구간 편집은 타임라인에서 재생 시간을 조절하지 않고 원본에서 원하는 구간을 편집합니다. 'First_Love.mp3'을 선택한 후 ❷[선택된 오디오 편집]을 클릭한 후 ❸[편집]을 선택합니다.

2 [오디오 편집기] 대화상자에서 ❶[재생] 버튼을 눌러 오디오를 재생해 본 후 Space Bar 를 눌러 정지 합니다. 영상 작업시에는 Space Bar 를 사용하는 것이 수월합니다. ❷정지한 후 빨간 색 타임바가 생성이 됩니다. 마우스를 음량 부분에 임의로 클릭합니다.

재생/일시 정지 : Space Bar
선택 영역 재생 : Ctrl + Space Bar

3 영역 선택 바가 생깁니다. 잘라낼 앞 부분을 영역 지정하기 위해 ❶영역 조절바에 마우스를 올려 놓고 ↔가 될 때 오른쪽으로 드래그하여 시작 점을 선택합니다.

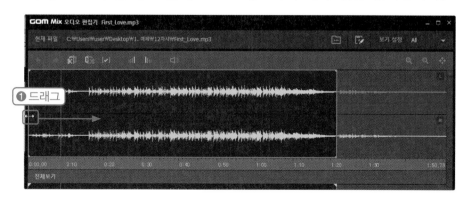

④ 끝낼 부분도 영역을 지정한 후 ❶'선택구간 재생'을 클릭하여 오디오를 재생하고 ❷'시작 점'과 ❸'끝 점'을 드래그하여 오디오 클립의 영역을 조절합니다.

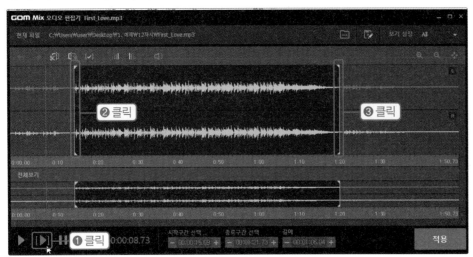

⑤ 선택 영역만 남기고 잘라내기 위해 ❶'선택영역만 유지'를 클릭합니다.

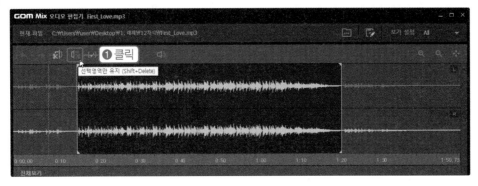

⑥ 남겨진 오디오 클립에 '페이드 인' 효과를 적용하기 위해 ❶[페이드 인]을 클릭한 후 ❷[페이드 인] 대화상자에서 적용될 영역을 드래그하여 조절한 후 ❸[적용]을 클릭합니다.

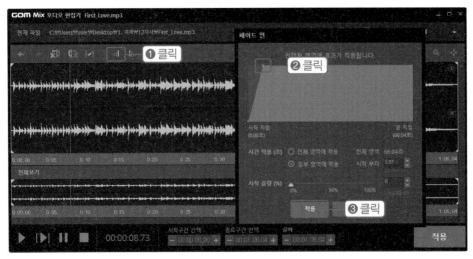

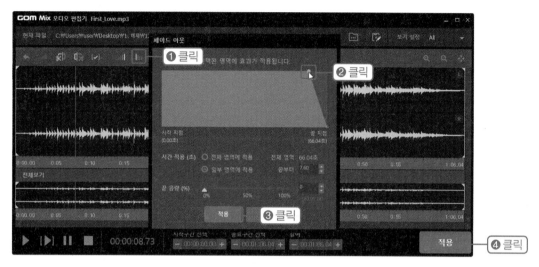

7 '페이드 아웃' 효과를 적용하기 위해 ❶[페이드 아웃]을 클릭한 후 ❷[페이드 아웃] 대화상자에서 적용될 영역을 드래그하여 조절한 후 ❸[적용]을 클릭합니다. ❹[오디오 편집기] 대화상자의 [적용]을 클릭합니다.

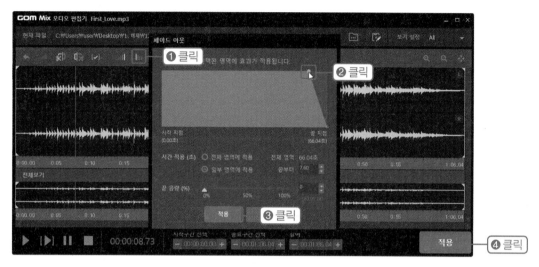

8 편집된 오디오의 재생 시간을 전체 동영상에 맞춰 재생 시간을 조절합니다. 현재 편집된 오디오 클립의 음량도 조절이 가능합니다. 마지막 프로젝트를 저장하고 '여행.mp4'로 인코딩합니다.

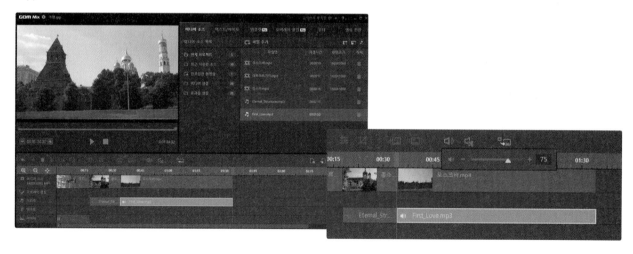

참고하세요

오디오를 편집하고 편집할 오디오를 mp3로 저장할 수 있습니다.

1 곰믹스를 열고 '여행1.jpg'~'여행5.jpg', '유람선.mp4' 순으로 미디어를 추가하세요. '여행1.jpg' 클립에 '페이드 인/아웃' 자막을 입력하고 '여행2.jpg' 클립까지 재생 시간을 조절하세요.

> **조건** 자막 효과 : '휴먼둥근헤드라인', '112pt', '텍스트 색 채우기 : 그라데이션(임의로 설정하세요)'
>
> 텍스트 효과 : '텍스트 윤곽선 색없음'
>
> 텍스트 그림자 : 그림자 색–흰색, 그림자 유형–오른쪽 하단 그림자

2 '여행5.jpg' 클립에 '영상 전환 – 왼쪽 밀어내기' 효과를 적용하고 자막을 추가하고 마지막 클립까지 재생 시간을 조절하세요. '러시아여행.grp' 이름으로 프로젝트 파일을 저장하세요.

> **조건** 자막 효과 : '휴먼둥근헤드라인', '112pt', '텍스트 색 채우기 : 임의로 설정
>
> 텍스트 효과 : '텍스트 윤곽선 색 – 검정'
>
> 나타내기 – 서서히 나타나기 사라지기 – 서서히 사라지기

3 '유람선.mp4' 클립의 동영상 음량을 '55'로 조절하세요. '페이드 인/아웃' 효과를 적용하세요. 프로젝트 파일을 재 저장하세요.

4 'We_ll_Meet_Again.mp3' 오디오를 추가하고 '페이드 인/아웃' 효과를 적용하세요. '러시아여행.mp4'로 인코딩하세요.

12 앱을 활용한 오프닝/클로징 영상 제작하기

유튜브 영상 또는 일반 동영상을 제작할 때 오프닝과 클로징 또는 영상 중간에 삽입하는 범프 영상, 광고, SNS영상등 스마트폰 앱을 이용해 쉽게 제작할 수 있습니다. 필요에 따라 영상을 추가한다면 재미있는 동영상이 됩니다.

➤➤ 스마트폰에 영상 제작, 편집이 가능한 앱을 설치해 봅니다.
➤➤ 다양한 영상 제작 방법을 알아봅니다.

배울 내용 미리보기 ➕

▲ 완성 파일 : 고양이오프닝-완성.mp4

01 앱 설치와 영상 제작

1 Play 스토어(플레이 스토어)에서 '멸치'를 검색하여 앱을 설치합니다. '멸치' 앱을 실행하고 각 단계별로 '허용'을 터치합니다.

   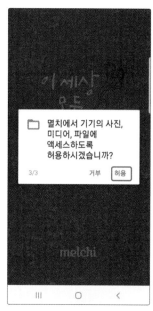

2 '멸치' 앱을 실행하면 '광고, 연애, 초대장, SNS' 총 4개의 카테고리가 있습니다. 오프닝이라 해도 'SNS' 카테고리가 아닌 다른 카테고리에서 원하는 영상으로 만들 수 있습니다. ❶[광고] 카테고리를 터치합니다. ❷[제품광고]를 터치한 후 ❸[한 눈에 보기쉬운 호감형 제품광고]를 터치합니다.

③ ❶먼저 영상을 재생하여 봅니다. ❷필요한 사진과 필요한 문구, 영상길이를 확인하고 ❸'영상 만들기'를 누릅니다. ❹각 Scene별로 이미지와 텍스트를 입력한 후 ❺'완료'를 누릅니다. '한번 만들어볼까요?' 메시지창에서 ❻'확인'을 누릅니다.

④ 영상 제작이 완료되면 ❶완료된 영상을 터치한 후 ❷[고화질] 다운로드를 터치합니다. 확인된 영상에서 삭제하거나 수정할 수 있습니다.

⑤ 앱의 ❶왼쪽 상단의 목록 버튼을 터치하면 ❷제작이 완료된 영상의 목록을 볼 수 있습니다. ❸
다운로드한 영상은 스마트폰의 [갤러리]의 [다운로드] 폴더에 저장됩니다.

⑥ 영상을 컴퓨터로 이동시킨 후, '오프닝.mp4', '고양이의 하루.mp4' 동영상 파일을 합치기 위해
곰 믹스에서 두 파일을 타임라인으로 추가한 후 '오프닝.mp4' 클립은 '페이드 아웃'을 적용하고
'고양이의 하루.mp4' 클립은 '영상 전환'의 '왼쪽 밀어내기' 효과를 적용합니다. '고양이오프
닝.grp' 프로젝트 파일로 저장하고 '고양이오프닝.mp4'로 인코딩합니다.

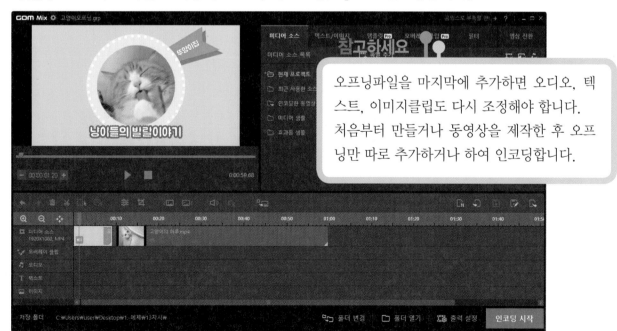

> 오프닝파일을 마지막에 추가하면 오디오, 텍
> 스트, 이미지클립도 다시 조정해야 합니다.
> 처음부터 만들거나 동영상을 제작한 후 오프
> 닝만 따로 추가하거나 하여 인코딩합니다.

웹 사이트에서 쉽게 썸네일 만들기

❶ Canva에서 썸네일 만들기

① Canva는 웹 사이트와 스마트폰 앱을 제공하며 컴퓨터 작업과 스마트폰 작업을 동기화합니다. https://www.canva. com에 접속하고 로그인합니다. 'YouTube 썸네일 항목'의 모두 보기를 클릭한 후 이미지를 선택합니다. '이 템플릿 사용하기'를 클릭합니다.

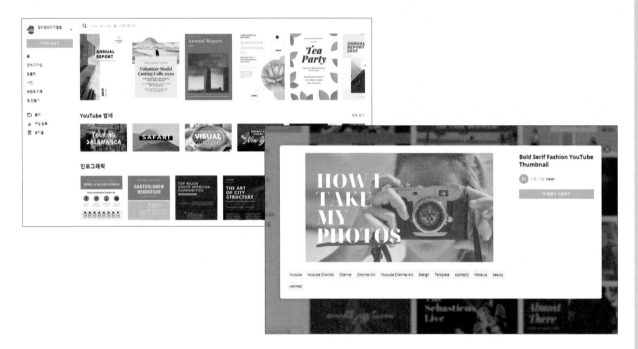

② 배경으로 내 컴퓨터에 있는 이미지를 넣을 수 있으며, 이때 배경을 단색으로 한 후 이미지를 추가하여 사용합니다.

※ 미리캔버스(https://www.miricanvas.com)에서도 다양한 템플릿을 제작할 수 있습니다.

③ '사진'을 누르고 검색하여 사진을 넣을 수 있으며 참고로 '$', '왕관'표시가 있는 사진은 유료입니다. 내 컴퓨터에 있는 사진을 넣으려면 '업로드'를 클릭하고 내 컴퓨터에서 사진을 선택하면 목록에 표시됩니다. 업로드된 사진을 선택합니다.

④ 사진이 텍스트 위에 배치되어 있어 사진을 선택한 후 '한 번에 뒤로 보내기'를 클릭합니다. 또한 사진을 보정할 수 있고 필터, 자르기, 조정, 뒤집기가 가능합니다.

⑤ 텍스트를 선택한 후 수정합니다. 글꼴과 효과를 적용합니다. '다운로드'를 합니다.

"혼자 풀어 보세요"

1

'멸치' 앱을 이용해 오프닝과 썸네일을 제작하세요. 파일을 컴퓨터로 옮긴 후 썸네일은 '여행표지.jpg', 오프닝은 '나홀로여행.mp4'로 이름을 바꿔보세요.

> **조건** 오프닝 : SNS - 이야기 - '인생 사진관(feat.러블리)'
> 썸네일 : SNS - 유튜브 - 썸네일 - '진한 그림자 텍스트 썸네일'

개인 스마트폰에 있는 사진으로 제작해 보세요.

2

'여행표지.jpg', '나홀로여행.mp4', '휴식.mp4' 파일을 이용하여 동영상을 제작하세요. 프로젝트 파일명 '여행일기.grp'로 저장하고 '여행일기.mp4'로 인코딩하세요.

152

3 썸네일과 범퍼영상 제작하세요. 파일을 컴퓨터로 옮기고 '고양이표지.jpg', '범퍼.mp4', '고양이클로징.mp4'로 이름을 변경하세요.

조건
썸네일 : SNS – 유튜브 – 썸네일 – '노란 말풍선 썸네일'
범퍼영상 : SNS – 유튜브 – 범퍼영상 – '오케이 컷 슬레이트 범퍼영상'
클로징 : SNS – 유튜브 – 클로징 – '벽돌 위 귀여운 고양이 클로징'

4 곰믹스에 '고양이오프닝.mp4', '고양이표지.jpg', '범퍼.mp4', '고양이의 하루.mp4', '고양이클로징.mp4' 순으로 추가하고 프로젝트 파일 '고양이오픈클로징.grp'로 저장하고 '고양이오픈클로징.mp4'로 인코딩하세요.

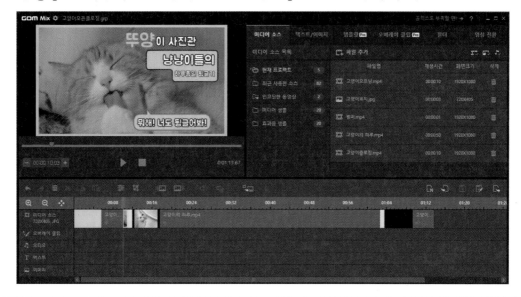

앱을 활용한 사진 편집하기

스마트폰의 다양한 앱을 이용해 사진을 편집할 수 있습니다. 동영상을 제작하면서 사진도 보정이 가능하지만 기능이 제한적인 경우 먼저 사진 앱을 이용해 다양하게 보정과 편집합니다.

➡➡ 앱을 설치하고 사진 편집 방법을 알아봅니다.

➡➡ 다양한 보정 방법을 알아봅니다.

배울 내용 미리보기 ➕

▲ 완성 파일 : 와일드푸드.jpg, 지오캐싱.png

01 나에게 맞는 사진 앱 설치하기

안드로이드 폰이라면 Play 스토어(플레이 스토어), 아이폰이라면 App Store(앱 스토어)에서 다양한 사진 앱들을 검색하고 설치한 후 사용할 수 있습니다. 사진을 보정 및 편집, 만화, 캐릭터, 스케치, 뷰티 등 사용법 또는 필요한 기능에 따라 설치해 보고 나에게 맞는 앱을 선택할 수 있습니다.

싸이메라	포토원더	SODA	Ulike

B612	Meitu	PicsArt	Background Eraser

① 플레이 스토어에서 '싸이메라'를 검색하고 앱을 설치합니다. '싸이메라'앱을 실행한 후 ❶'편집'을 누릅니다.

2 ❶사진을 한 장 선택하고 ❷[편집]의 ❸[자르기]를 터치합니다. '자르기' 목록 중에서 ❹[자유롭게]를 선택하고 ❺조절점을 이용하여 영역을 설정한 후 ❻[적용]을 터치합니다.

3 사진의 밝기와 대비, 채도를 보정할 수 있습니다. ❶'보정'을 터치한 후 ❷[밝기]를 터치합니다. ❸슬라이더를 이용해 '밝기'를 보정합니다. ❹'대비'와 '채도'도 같은 방식으로 보정합니다.

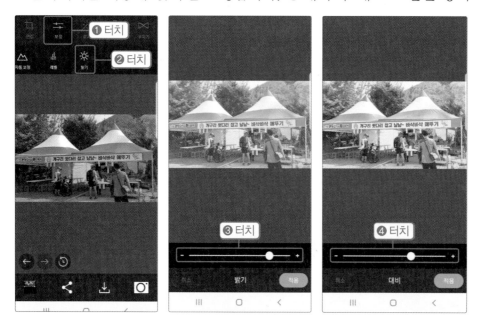

4 사생활 보호나 초상권 등을 지키기 위해 모자이크 효과를 줍니다. ❶'효과'의 '모자이크'를 터치합니다. ❷모자이크 처리할 부분을 터치하여 문지른 후 ❸[적용]을 터치합니다. 텍스트를 넣기 위해 ❹'꾸미기'의 ❺'텍스트'를 터치합니다.

5 ❶텍스트를 입력한 후 ❷글꼴을 선택합니다. ❸색상도 선택할 수 있습니다.

6 ❶글꼴 스타일을 선택한 후 사진의 빈 바탕을 터치해 텍스트를 위치시킵니다. ❷텍스트의 오른쪽 하단의 조절점을 이용해 텍스트의 크기를 조절한 후 드래그하여 배치한 후 ❸'적용'을 누릅니다.

참고하세요

☒를 누르면 텍스트가 삭제되고, ✎을 누르면 텍스트를 수정할 수 있습니다. ◁▷를 누르면 텍스트가 좌우변환됩니다.

7 '내려받기'를 누르면 '저장'이 완료 되고 '갤러리'의 'Cymera2'의 폴더에 저장됩니다.

참고하세요

저장할 때 픽셀의 크기를 묻는 경우 '크게', '중간' ,'작게' 중에서 선택한 후 내려받기를 합니다.

02 앱으로 표지 만들기

1 플레이 스토어에서 'Canva'를 검색하여 앱을 설치합니다. 앱을 실행한 후 원하는 계정으로 로그인합니다.

> **참고하세요**
> 'Canva'는 웹과 앱으로 모두 제공됩니다. PC에서 사용할 때는 https://www.canva.com/로 접속하여 원하는 작업을 할 수 있습니다.

2 화면을 아래로 스크롤한 후 **❶**'YouTube 썸네일'의 '모두 보기'를 누릅니다. **❷**제작하고자 하는 썸네일을 선택하면 **❸**편집 화면으로 이동합니다. 배경 이미지를 눌러 사진을 수정합니다.

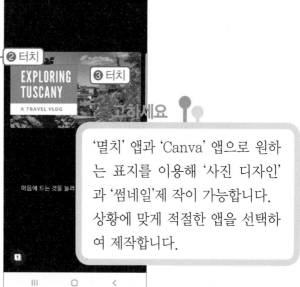

> **참고하세요**
> '멸치' 앱과 'Canva' 앱으로 원하는 표지를 이용해 '사진 디자인'과 '썸네일'제작이 가능합니다. 상황에 맞게 적절한 앱을 선택하여 제작합니다.

③ ❶'갤러리'는 스마트폰에 저장된 이미지 중 선택할 수 있으며 '이미지'에서는 'Canva'가 제공하는 배경 이미지를 검색하고 사용할 수 있습니다. ❷'색상'은 이미지 대신 색으로 채울 수 있습니다. 갤러리에서 사진을 선택합니다. ❸'필터'를 터치하면 갤러리나 이미지에서 서택된 사진에 필터를 적용할 수 있습니다.

④ 텍스트를 수정해 봅니다. 텍스트를 터치한 후 ❶'글꼴'을 선택합니다. 제목 텍스으를 입력한 후 ❷부제목 텍스트를 입력합니다. ❸오른쪽 상단의 '내려받기'를 눌러 저장합니다.

  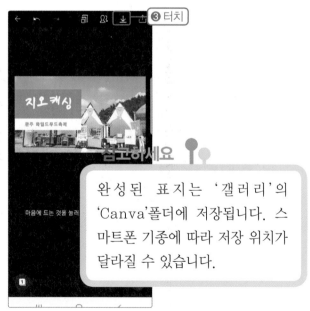

> 완성된 표지는 '갤러리'의 'Canva'폴더에 저장됩니다. 스마트폰 기종에 따라 저장 위치가 달라질 수 있습니다.

B612 앱을 활용

B612 앱은 사진과 동영상을 촬영하고 편집할 수 있는 앱입니다. 보정, 스티커, 뷰티 필터를 사용할 수 있으며, 스토리, 촬영, 비디오, 바운스 등의 다양한 기능으로 촬영할 수 있습니다. B612 앱을 실행 시킨 후 왼쪽 하단의 '보정'을 터치하면 사진 한 장을 선택하면 사진 보정을 할 수 있습니다.

'보정'에서 재미있는 특수효과를 사용할 수 있습니다. 윗 상단의 메뉴에서 '포토뮤비, Effect, 오려내기, super8mm' 등으로 편집할 수 있으며, 스토리와 촬영에서 다양한 효과로 촬영이 가능합니다.

"혼자 풀어 보세요"

1 '싸이메라' 앱으로 여러 사진을 한 장으로 만드는 콜라주를 제작하세요.

조건 콜라주 – 사진 선택 – [탬플릿] 선택

2 'Canva' 앱을 이용해 YouTube 썸네일을 제작해 보세요.

3 멸치앱을 이용해 썸네일을 제작해 보세요.

4 B612앱을 이용해 사진을 보정해 보세요. 여러 사진으로 포토뮤비를 제작해 보세요.

조건 사진 보정 – 보정– 사진 선택
포토뮤비 – 보정 – 포토뮤비

스마트폰으로 동영상 제작하기 1

스마트폰이 있다면 누구나 앱을 설치하여 동영상을 쉽고 빠르게 제작할 수 있습니다. 다양한 앱이 존재하며 내가 원하는 기능이나 나의 숙련도에 따라 앱을 선택하면 됩니다.

➤➤ 앱을 설치하고 실행하는 방법을 알아봅니다.

➤➤ 자르기와 필터 편집 방법을 알아봅니다.

➤➤ 자막을 삽입하는 방법을 알아봅니다.

배울 내용 미리보기 ⊕

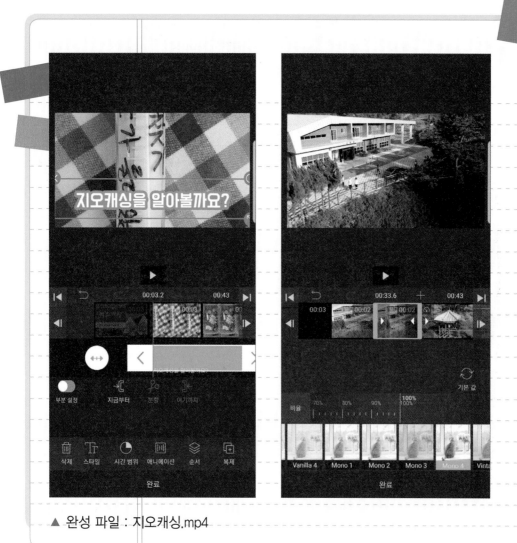

▲ 완성 파일 : 지오캐싱.mp4

01 나에게 맞는 동영상 어플 설치하기

Play 스토어(플레이 스토어)와 App Store(앱 스토어)에서 다양한 동영상 앱을 검색하고 설치할 수 있습니다. 간단하지만 다양한 기능을 제공한 앱도 있고, 한 기능이 특화되어 동영상을 편집 및 제작할 수 있는 앱도 있습니다.

무료로 제공되는 앱의 경우 템플릿, 스티커 장식, 필터 등의 기능 중 일부를 제한하거나, 자동으로 완성된 동영상에 워터마크가 표시됩니다. 유료의 경우는 주로 'pro'라는 이름이 붙어 앱의 모든 기능을 자유롭게 사용할 수 있고, 보다 전문가처럼 동영상을 편집 및 제작할 수 있도록 기능이 제공됩니다.

우리는 안드로이드폰과 아이폰에서 무료로 설치가 가능하고, 음악 추가, 녹음, 배속 설정 등의 기능이 제공되는 'VLLO(블로)' 앱을 사용해 동영상을 제작해 봅시다. 'VLLO' 앱은 무료임에도 워터마크가 생성되지 않습니다.

| Kinemaster | VivaVideo | SNOW | PowerDirect | VLLO | 곰믹스 |

| B612 | reverse |

1 'VLLO' 앱을 설치해 봅니다. ❶플레이 스토어에서 'VLLO'를 검색하고 설치합니다. ❷앱을 실행한 후 [허용]을 터치합니다. ❸[멋진 비디오]를 터치합니다.

② 동영상 제작에 필요한 사진과 비디오를 선택합니다. ❶'비디오' 탭에서 비디오를 선택하고 ❷'사진'탭에서 사진을 선택합니다. ❸동영상에 '빈장면'을 넣기 위해 '전체' 탭에서 '빈장면 넣기'를 눌러 추가합니다. ❹화면 하단에서 비디오와 사진, 빈화면을 길게 눌러 재배치한 후 ❺'→' 버튼을 터치합니다.

참고하세요

사진과 동영상은 개인 스마트폰에 저장된 파일로 사용하세요.

③ '사용한 동영상/사진을 갤러리에서 삭제하지 마십시오'라는 경고를 읽은 후 ❶[확인]을 터치합니다. ❷화면 비율에서 [16:9]를 터치하고 ❸사진의 재생 시간을 조절한 후 ❹[완료] 버튼을 터치하면 ❺편집 화면으로 돌아옵니다.

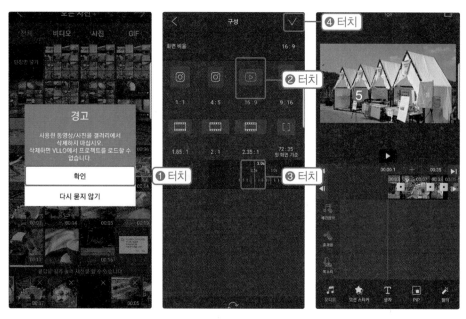

동영상 자르기와 필터/배속 설정하기

1 동영상을 선택하면 이동, 회전, 배속, 자르기, 배속 등 편집을 할 수 있습니다. 동영상을 '분할'하기 위해 ❶동영상을 선택한 후 타임바를 분할할 부분에 위치한 후 ❷'분할'을 누릅니다. 다음 동영상은 앞부분만 남기고 뒷 부분은 삭제하기 위해 ❸동영상을 선택한 후 타임바를 분할 부분에 위치한 후 ❹'여기까지'를 누릅니다. 동영상을 '복제'하기 위해 ❺남겨진 동영상을 선택한 후 ❻'복제'를 누른 후 '완료'를 누릅니다.

> **참고하세요**
>
> 분할 : 하나의 동영상을 둘로 나눕니다.
> 지금부터 : 타임바가 위치한 부분부터 남겨집니다.
> 여기까지 : 타임바가 위치한 곳까지 남겨집니다.

2 복제된 동영상에 필터 효과를 적용하기 위해 ❶복제된 동영상을 선택한 후 ❷'필터'를 누릅니다. ❸필터 목록 중에서 무료로 사용할 수 있는 필터를 선택한 후 ❹'완료'를 누릅니다. 편집 화면으로 돌아옵니다.

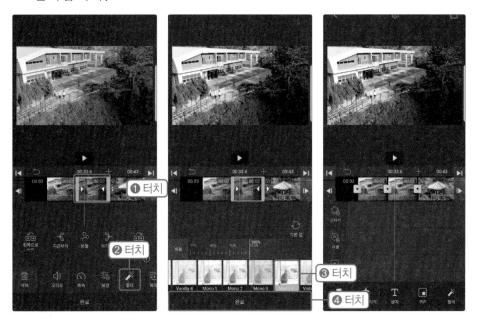

③ 동영상의 배속을 설정할 수 있습니다. ❶동영상의 배속을 설정하기 위해 동영상을 선택한 후 ❷ '배속'을 터치한 후 ❸'2×'를 선택한 후 ❹'완료'를 눌러 편집 상태로 돌아옵니다.

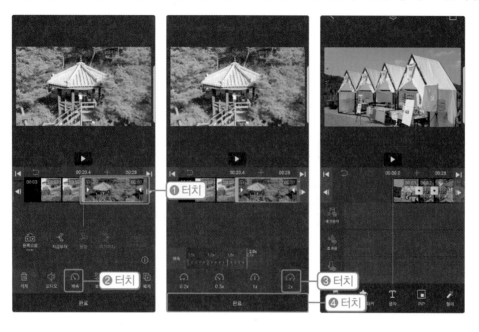

④ 동영상, 사진, 빈장면, gif 등을 추가로 삽입할 수 있습니다. ❶편집 메뉴의 '＋'를 누른 후 ❷필 요한 동영상과 사진 등을 선택하고 '다음'을 터치합니다. ❸사진의 위치를 이동하려면 사진을 선택한 후 ❹메뉴에서 '왼쪽으로 이동, 오른쪽으로 이동'을 눌러 위치를 변경합니다. ❺'완료'를 터치합니다.

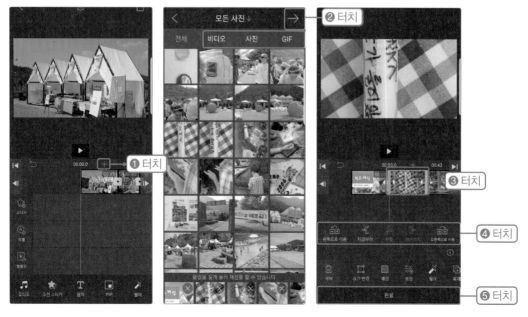

03 자막과 자막바 넣기

1 사진이나 동영상에 자막을 넣기 위해 ❶자막을 넣을 클립을 선택한 후 ❷하단의 '글자'를 누르면 ❸왼쪽 메뉴에 '글자'와 '자막' 메뉴가 표시됩니다. '글자'를 터치합니다. ❹다양한 자막들 중 하나를 선택한 후 ❺텍스트 부분을 터치합니다. ❻내용을 입력한 후 '완료' 버튼을 터치합다.

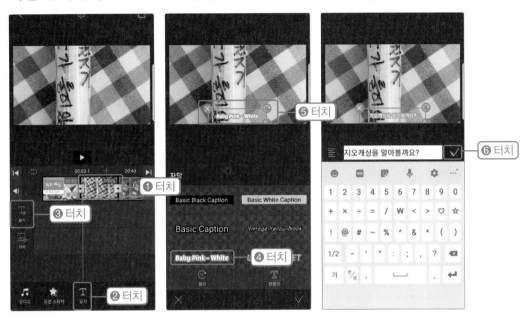

2 텍스트의 크기를 조절할 수 있습니다. 입력된 자막의 ❶오른쪽 하단의 조절바를 이용해 크기를 조절합니다. 자막의 폰트를 변경하기 위해 ❷하단 메뉴의 '폰트'를 누릅니다. ❸폰트가 설치가 되어 있지 않으면 폰트를 눌러 다운로드한 후 폰트를 선택한 후 ❹'완료'를 누릅니다. 자막 애니메이션 효과를 적용하기 위해 ❺하단 메뉴바의 '애니메이션'을 누릅니다.

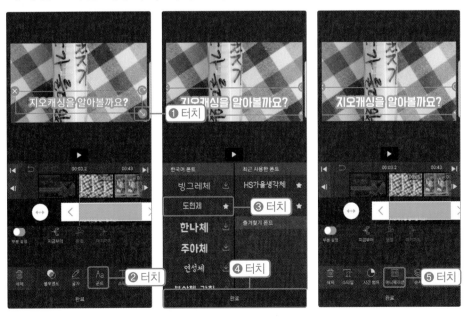

③ 애니메이션은 미리보기로 확인이 가능하며 여러 효과를 중복하여 적용할 수 있습니다. ❶'점점 선명하게'를 선택합니다. ❷이어서 '점점 크게'를 선택한 후 ❸'완료'를 터치합니다. ❹'⟨'와 ❺'⟩'를 각각 왼쪽 또는 오른쪽으로 드래그하여 동영상에 자막이 등장하는 시간을 조절합니다. 파란색 바가 재생 시간을 나타냅니다.

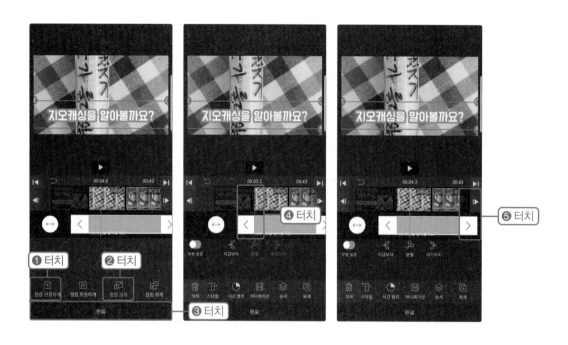

④ 자막바를 이용해 자막을 추가할 수 있습니다. ❶하단의 '글자'를 터치한 후 ❷왼쪽 메뉴에서 '자막'을 터치한다. ❸자막 목록에서 '기본값'의 첫 번째 자막바를 선택합니다. ❹미리보기에서 자막을 두 번 탭하여 ❺텍스트를 입력한 후 '완료' 버튼을 터치합니다.

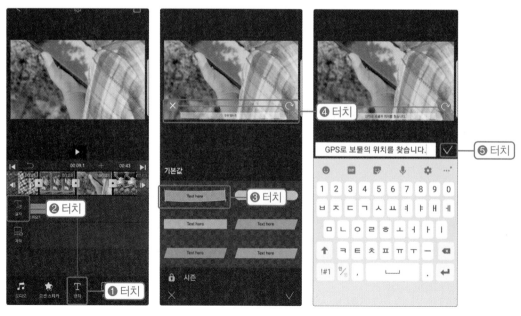

5 자막의 글꼴을 변경하기 위해 ❶'폰트'를 누릅니다. ❷글꼴을 선택한 후 ❸'완료'를 누릅니다. 색상을 변경하기 위해 ❹'색상'을 누릅니다.

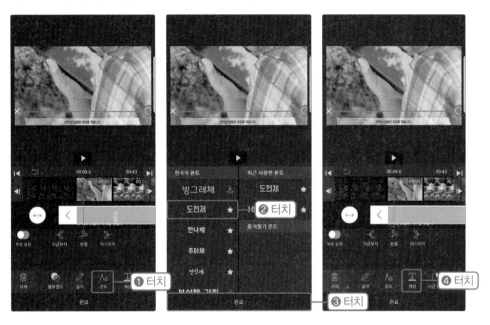

6 ❶원하는 색을 선택한 후 ❷'완료'를 누릅니다. ❸자막바의 재생 시간을 양쪽으로 드래그하여 조절한 후 ❹'완료'를 누릅니다.

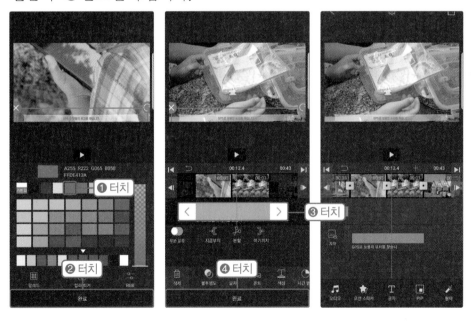

"혼자 풀어 보세요"

1 'VLLO' 앱을 실행하고 스마트폰에 있는 사진을 추가해 동영상을 제작하세요.

조건 사진 비율은 '16:9'로 하고, 사진 시간은 모두 1초로 적용하세요.

 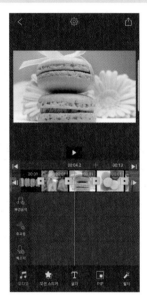

2 스마트폰에 있는 동영상을 추가하고 동영상을 분할하세요. 분할한 동영상에 원하는 필터를 적용하세요. 분할된 동영상의 배속을 '2×'으로 하세요.

3 첫 번째 사진과 두 번째 사진에 각각 자막을 추가해 보세요. 위치와 크기를 조절하고, 자막의 재생 시간을 조절하세요.

힌트

왼쪽 메뉴에서 '글자'를 눌러 입력하세요.

4 자막바를 입력하고 자막바의 재생 시간을 임의로 조절해 보세요.

힌트

왼쪽 메뉴에서 '자막'을 눌러 입력하세요.

스마트폰으로 동영상 제작하기 2

동영상 앱을 모자이크 처리와 모션 스티커를 삽입할 수 있습니다. 음악을 추가할 수 있으며 부분 편집을 이용해 원하는 구간만 재생할 수 있습니다.

➤➤ 모자이크 실행하는 방법을 알아봅니다.

➤➤ 모션 스티커와 템플릿 효과에 대해 알아봅니다.

➤➤ 오디오를 추가하고 편집하는 방법을 알아봅니다.

배울 내용 미리보기 ⊕

▲ 완성 파일 : 예술여행-완성.mp4

01 모션 스티커와 라벨, 템플릿 추가하기

1 'VLLO' 앱을 실행한 후 스마트폰에 있는 ❶사진과 동영상을 추가합니다. ❷사진 비율은 '16:9', ❸사진 시간은 2초로 조절한 후 ❹☑ 버튼을 터치합니다. ❺모션 스티커를 추가할 클립을 선택한 후 ❻하단의 '모션 스티커'를 누르면 ❼왼쪽의 메뉴에 '스티커', '라벨', '템플릿'이 표시됩니다. '스티커'를 선택합니다.

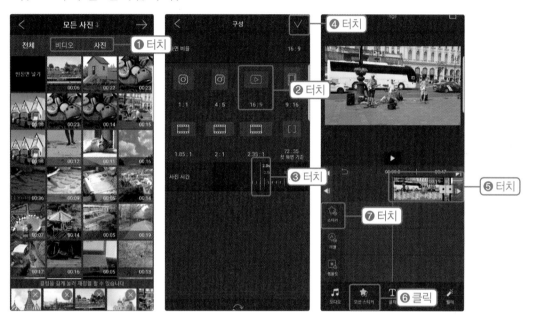

2 ❶모션 스티커 목록에서 스티커를 선택한 후 ❷☑ 버튼을 터치합니다. ❸스티커의 오른쪽 하단의 조절점을 드래그하여 크기를 조절하고, 오른쪽 상단의 조절점을 이용해 회전합니다. ❹스티커의 재생 시간을 조절한 후 ❺'완료'를 누릅니다.

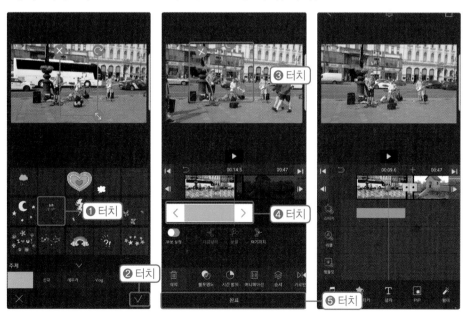

③ '라벨'을 추가하기 위해 ❶라벨을 추가할 클립을 선택한 후 ❷하단의 '모션 스티커'를 터치한 후 왼쪽 메뉴에서 ❸'라벨'을 선택합니다. ❹목록에서 하나를 선택한 후 ❺미리보기 창의 라벨을 두 번 탭한 후 ❻텍스트를 입력하고 '완료'를 터치합니다.

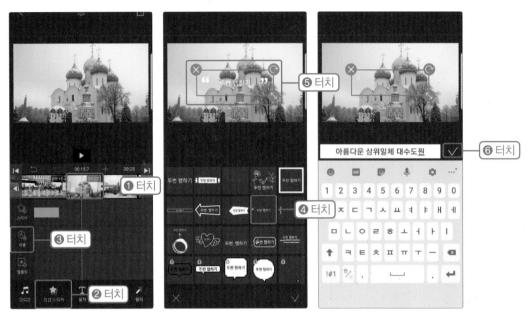

④ ❶'폰트'를 '도현체'로 변경하고 ❷'색상'을 눌러 ❸'남색'을 선택한 후 ❹'완료'를 누릅니다. ❺조절점을 이용해 크기와 위치를 변경하고 ❻재생 시간을 조절한 후 ❼'완료'를 누릅니다.

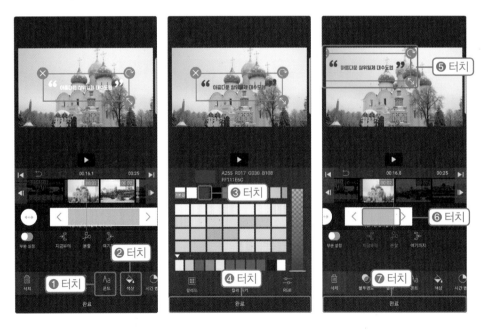

⑤ 템플릿을 넣기 위해 ❶동영상 클립을 선택합니다. ❷하단의 '모션 스티커'를 터치한 후 ❸왼쪽 메뉴에서 '템플릿'을 선택합니다. ❹목록에서 하나를 선택한 후 '완료'를 터치합니다. ❺템플릿의 재생 시간을 조절한 후 ❻'완료'를 터치합니다.

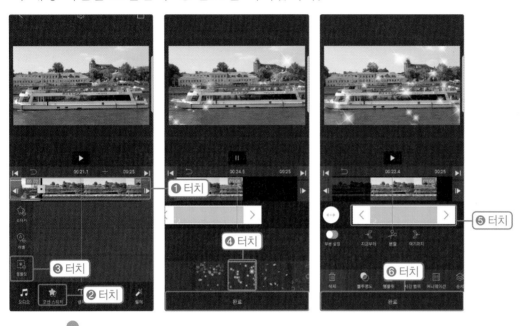

참고하세요 🍡

사진 배경 투명하게 만들기

B612 앱을 이용해 사진의 배경을 투명하게 저장도 가능하며 다른 사진과 합성도 가능합니다. [보정]-[오려두기]를 터치합니다. 남겨질 부분이 분홍색 부분입니다. 브러쉬는 남겨질 부분을 칠하고 지우개로 삭제할 부분을 문지릅니다.

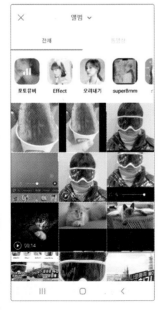

빈장면 추가와 PIP

1 오프닝, 중간, 엔딩 어디든 '빈장면'을 추가할 수 있습니다. ❶맨 앞의 클립을 선택한 후 ❷상단의 '十'를 누릅니다. ❸목록에서 '빈장면 넣기'를 선택하면 ❹하단에 추가됩니다. ❺오른쪽 상단의 ▇을 누릅니다. ❻경고창이 표시되면 '확인'을 누릅니다.

2 ❶'빈장면'의 재생 시간을 '5초'로 조절합니다. 클립에 이미지나 동영상을 추가하는 것을 PIP라고 합니다. 'VLLO'에서는 이미지만 추가할 수 있습니다. ❷하단의 'PIP'를 누르면 왼쪽 메뉴에 ❸'이미지'와 'GIF'가 표시됩니다. 그 중에서 '이미지'를 선택합니다. ❹사진을 추가한 후 크기와 위치를 조절합니다. ❺빈장면 전체에 재생할 수 있도록 재생 시간을 조절합니다. 이미지에 애니메이션 효과를 적용하기 위해 ❻'애니메이션'을 누른 후 ❼'점점 크게'를 선택하고 ❽'완료'를 누릅니다.

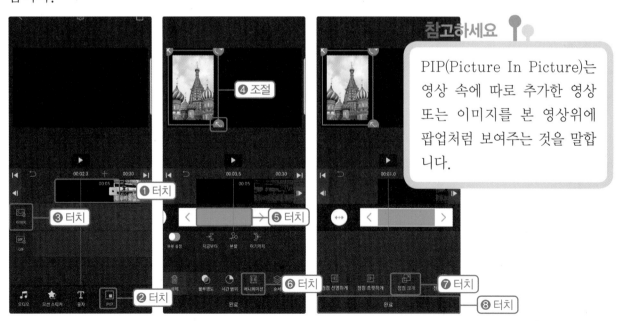

참고하세요

> PIP(Picture In Picture)는 영상 속에 따로 추가한 영상 또는 이미지를 본 영상위에 팝업처럼 보여주는 것을 말합니다.

③ 사진을 하나 더 추가하기 위해 ❶'빈장면'을 선택한 후 ❷왼쪽 메뉴에서 '이미지'를 터치합니다. 추가된 이미지를 ❸조절점을 이용해 크기와 위치를 조절하고 ❹재생 시간을 조절합니다. 시작 시간은 처음 사진보다는 느리게하고 끝나는 시간은 같이 끝날 수 있도록 합니다. ❺'애니메이션'을 터치한 후 ❻'점점 크게'를 선택하고 ❼'완료'를 터치합니다.

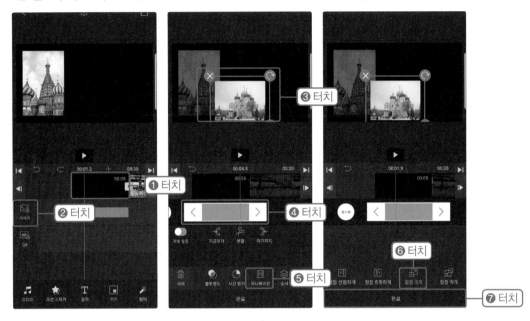

④ 다시 ❶'빈장면'을 선택한 후 ❷하단의 '글자'를 누른 후, ❸왼쪽 메뉴의 글자를 터치합니다. ❹텍스트를 추가하고 애니메이션과 재생 시간을 조절합니다. ❺글자를 추가하여 수정하고 애니메이션과 자막 재생 시간을 조절합니다.

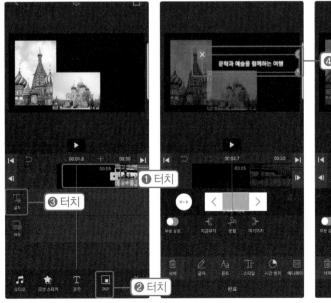

참고하세요

빈장면을 선택하면 하단의 메뉴에서 빈장면의 배경색을 바꿀 수 있습니다. 색상과 그라데이션은 무료이며 패턴은 유료입니다.

1 ❶클립 부분을 두 손가락으로 바깥쪽으로 밀어 주면 확대가 되고 안쪽으로 밀면 축소가 됩니다. 여기에서는 클립을 확대합니다. 그 다음, ❷클립과 클립 사이의 '전환점'을 누릅니다. ❸'전환점' 이 파란색으로 변경되고 하단에 영상 전환 메뉴가 표시됩니다.

2 영상과 영상이 서서히 시작되면서 전환되도록 ❶'페이드'를 선택합니다. ❷'페이드'의 재생 시간을 조절하고 영상 전환이 될 때 '검정' 또는 '흰색'을 선택하고 ❸'완료'를 누릅니다. ❹다음 영상을 전환하기 위해 다음 '전환 점'을 누릅니다.

참고하세요

클립과 클립 사이에 빗금 영역이 생깁니다. 글자, 스티커 등을 추가한 경우 재생 길이는 빗금을 제외한 부분에만 넣어주어야 장면에 이어지지 않습니다.

3 ❶영상과 영상이 전환될 때 영상이 겹치면서 전환되는 '디졸브'를 선택한 후 재생 시간을 조절하고 ❷'모두 적용'을 누릅니다. 같은 영상 전환 효과가 모든 영상에 적용됩니다. ❸'완료'를 누릅니다.

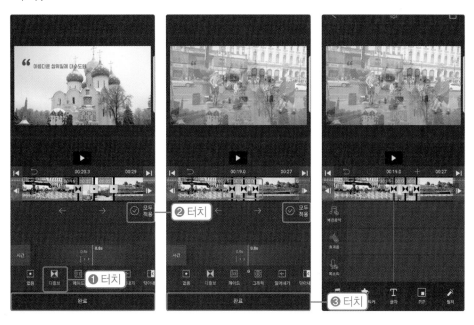

4 동영상의 음량을 조절할 수 있습니다. ❶동영상 클립을 선택한 후 ❷'오디오'를 누릅니다. ❸'볼륨'을 누르고 ❹슬라이더를 왼쪽으로 드래그하여 음량을 낮춥니다.

참고하세요

동영상의 소리를 음소거하거나 페이드 인/아웃도 가능합니다.

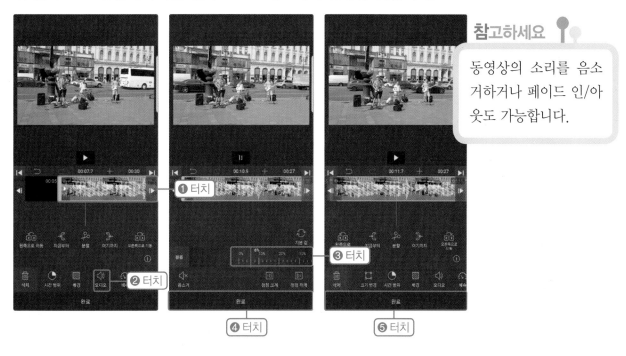

⑤ 동영상에 음악을 추가해 봅니다. ❶처음 클립에 타임바를 위치한 후 ❷하단 메뉴에서 '오디오'를 누르면 ❸왼쪽 메뉴에 '배경음악', '효과음', '목소리'가 표시됩니다. '배경음악'을 누릅니다. ❹무료로 사용할 수 있는 음원 중 '메모리 1'을 눌러 내려받은 후 선택합니다. ❺✔를 누르면 타임바가 위치한 부분부터 음원이 시작해서 동영상이 끝나는 부분까지 음원이 추가됩니다.

참고하세요

음원을 누르면 원하는 부분으로 이동이 가능하고 〈 또는 〉로 음원의 재생 시간을 조절할 수 있습니다.

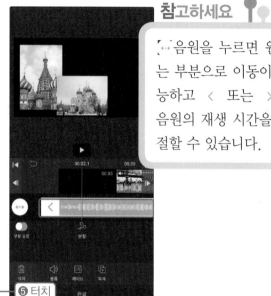

⑥ 추가된 음원을 분할할 수 있습니다. ❶타임바를 분할할 위치에 놓고 ❷'분할'을 누릅니다. ❸분할된 오른쪽 음원을 선택한 후 ❹'삭제'를 누릅니다. ❺오른쪽에 다른 음원을 추가하기 위해 타임바를 위치한 후 ❻왼쪽 메뉴에서 '배경음악'을 누릅니다.

7 ❶'메모리 2'를 선택한 후 ❷◾를 누릅니다. ❸음원이 추가되었습니다. 음원의 볼륨을 조절하기 위해 ❹첫 번째 음원을 선택한 후 ❺'볼륨'을 누릅니다.

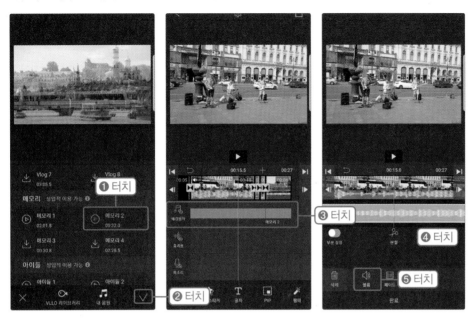

8 ❶볼륨을 왼쪽으로 드래그하여 낮추고 ❷'완료'를 누릅니다. ❸서서히 시작하여 서서히 끝내기 위해 '페이드'를 누릅니다. ❹'점점 크게'와 '점점 작게'를 선택한 후 '완료'를 누릅니다. 추가된 음원에도 볼륨 조절과 페이드 효과를 적용합니다.

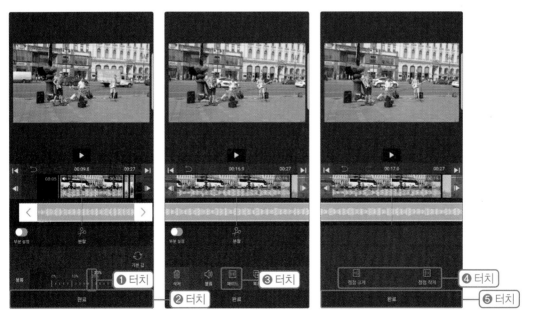

참고하세요

효과음과 내레이션 녹음하기

① 효과음을 넣기 위해 클립을 선택한 후 하단의 '오디오'를 누른 후 왼쪽 메뉴에서 '효과음'을 클릭합니다. 목록에서 원하는 효과음을 선택하고 ■를 누릅니다. 내레이션을 녹음할 수 있습니다. 녹음이 필요한 클립에 타임바를 위치시킨 후 '목소리'를 누릅니다.

② '녹음' 버튼을 누르고 녹음합니다. 녹음이 끝나면 '정지'버튼을 누릅니다. ■를 누릅니다. 다음과 같이 추가됩니다.

04 동영상 완료하기

1 동영상을 저장하기 위해 오른쪽 상단의 ❶내보내기를 터치합니다. ❷해상도를 선택한 후 ❸추출하기를 터치합니다. 동영상이 저장됩니다.

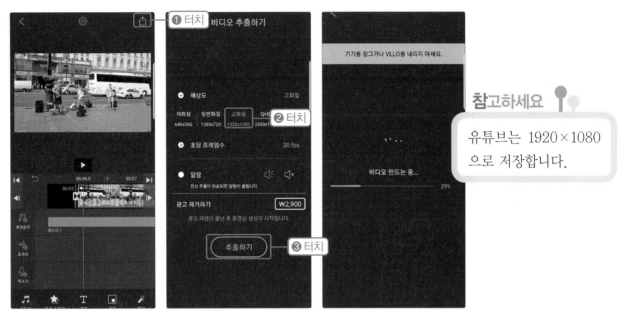

참고하세요

유튜브는 1920×1080 으로 저장합니다.

2 ❶오른쪽 상단의 🏠을 누르면 시작 화면으로 이동합니다. ❷프로젝트 파일은 언제든지 다시 수정할 수 있습니다. 오른쪽 하단의 '더보기'를 누릅니다. ❸작업한 동영상 프로젝트들이 저장되어 있습니다.

③ 필요 없는 프로젝트는 삭제할 수 있습니다. ❶오른쪽 상단의 '선택'을 눌러 ❷삭제할 프로젝트를 선택한 후 ❸'삭제'를 누릅니다. 또한 프로젝트를 누르면 수정할 수 있는 편집 상태가 됩니다.

참고하세요

저장된 동영상은 스마트폰 갤러리에서 'VLLO' 앨범에서 확인할 수 있습니다.

참고하세요

B612 앱으로 동영상 배속/역방향/필터효과 넣기

[보정]에서 동영상을 선택한 후 '속도'에서 속도조절과 역방향으로 편집할 수 있으며, '이펙트'에서 부분 영상 필터를 적용할 수 있습니다.

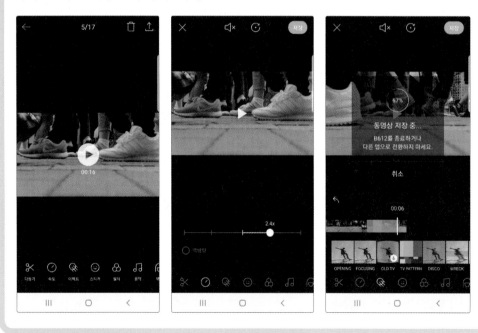

"혼자 풀어 보세요"

1 스마트폰에 있는 사진과 동영상으로 조건에 맞게 제작하세요.

조건
- 첫 장은 사진으로 하고 나머지는 동영상을 추가하세요.
- 사진 비율은 '16:9'로 하고, 사진 시간은 '5초'로 모두 적용하세요.
- 클립과 클립사이에 영상 전환 효과 '디졸브'를 '기본 값'으로 모두 적용하세요.
- 첫 장 사진에 '글자'와 모션 스티커를 추가하세요.
- 힌트 : '글자 – 글자', '모션 스티커–스티커'

2 1번 문제에 이어 조건에 맞게 제작하세요.

조건
- 첫 번째 클립에 왼쪽 그림과 같이 모션 스티커와 글자를 추가하세요.
- 두 번째 클립에 PIP로 이미지를 추가하고 모션 스티커를 추가하세요.
- 두 번째 클립의 동영상의 재생 속도를 2배속으로 설정하세요.

3 다음과 같이 적용하세요.

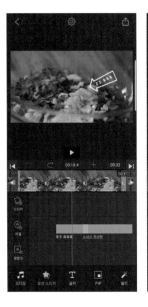 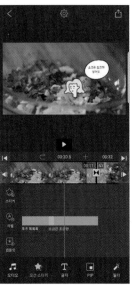 

조건
- 세 번째 클립에 왼쪽 그림과 같이 모션 스티커를 추가하세요.
- 마지막 클립에 자막과 글자를 추가하세요.
- 동영상의 재생 속도를 2배속으로 설정하세요.

4 다음과 같이 적용하세요.

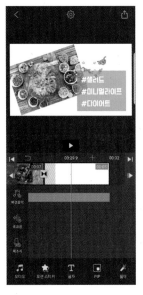 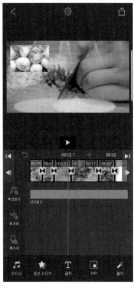 

조건
- 마지막에 '빈장면'을 추가하고 '이미지'와 '자막'을 추가하세요.
- 동영상 전체에 오디오를 추가하고 페이드 인 효과를 적용하세요.
- 고화질로 추출하세요.